두뇌
수학
퍼즐

②

머리말

두뇌를 갈고 닦아 주는 두뇌 퍼즐!

나는 두뇌 퍼즐을 무척이나 즐깁니다. 어린이들이 게임에 몰두하는 것 이상으로 두뇌 퍼즐을 즐기지요. 풀리지 않는 퍼즐을 앞에 놓고 밤을 새워 가며 씨름하기도 합니다. 수많은 퍼즐을 풀고, 유형을 분석하고, 차분히 해법을 찾아가며 이해력을 넓혀 가는 과정이 그 무엇보다 즐겁고 재미있기 때문입니다.

인간의 뇌는 무한한 잠재력을 갖고 있습니다. 과학자들은 뇌를 사용하면 할수록 발달해 끝없이 새로운 생각을 할 수 있다고 믿고 있지요. 새로운 생각은 새로운 것들을 만들어 냅니다. 이전에는 생각지도 못한 스마트폰을 만들고, 로봇을 만들고, 인공 지능을 개발하며, 스스로 운전하는 자율 주행 자동차를 만들고 있습니다. 이처럼 문명이 첨단으로 발전하는 것도 바로 인간의 뇌가 무한히 개발되기 때문입니다. 어린이들이 살아갈 미래는 더욱 창의적인 두뇌를 가진 인재가 필요한 사회일 것입니다.

어린이들은 두뇌를 갈고 닦을 적절한 자극이 필요합니다. 운동을 하면 체력이 좋아지듯 두뇌도 적극적으로 사용하면 인지 기능이 강화되지요. 이해하고, 추리하고, 기억하고, 계산하고, 판단하고…….

　여기에 초점을 맞춰, 즐겁고 재미있게 훈련하면서 두뇌를 갈고 닦을 수 있는 다양한 종류의 퍼즐을 마련했습니다. 두뇌 퍼즐을 풀려면 머리를 써야 하는데, 이렇게 머리를 쓰고 나면 기분이 좋아지고 창의력이 키워지며, 문제 해결 능력이 좋아집니다.

　퍼즐을 만들며 가장 힘쓴 점은 어린이 눈높이에 맞게 조절하는 것이었습니다. 다양한 퍼즐이 있을 수 있지만, 여기서는 퍼즐에 알맞은 상황을 만들어 어린이들이 자연스럽게 자기 문제로 인식할 수 있게끔, 집중도를 높일 수 있게끔 힘썼습니다. 또한 언어, 논리, 추리, 상상, 연산, 분석, 기억, 판단 등에 골고루 영향을 미치는 다양한 유형의 퍼즐을 만들고자 애썼습니다.

　개중에는 풀기에 인내심이 필요한 퍼즐도 있습니다. 안 풀린다고 그냥 넘어가지 마세요. 힘겹게 오른 산은 그만큼 기쁨과 만족도가 크답니다. 퍼즐에 집중하는 것만으로도 두뇌는 충분히 자극을 받습니다. 여기에 더해 좋은 생각, 즐거운 생각을 많이 하면 여러분의 뇌는 더욱 발달할 것입니다.

　자, 두뇌 퍼즐의 세계에 빠져들 준비가 됐나요?

　즐겁고 유익한 시간 보내세요!

차례

머리말 4	13 초가집을 밝힌 초 38
	14 암호로 풀어 보는 고사성어 ... 40
01 통나무 의자 옮기기 10	15 동전 뒤집기 42
02 동물들의 나이 자랑 12	16 빵집에 든 도둑 44
03 최후에 남은 종목 14	17 누가 어떤 음식을 좋아할까? ... 46
04 숫자의 규칙 16	18 네모난 방의 비밀 48
05 사라진 잔돈 18	**알고 나면 재밌는 추리 이야기**
06 공룡과의 대결 20	셜록 홈스와 아르센 뤼팽 50
알고 나면 재밌는 뇌 이야기	
아이큐와 멘사 22	19 있다 없다 퀴즈 52
	20 이상한 킥보드 경주 54
07 선생님의 출근길 24	21 시청자 속담 퀴즈 56
08 그림으로 알아보는 속담 26	22 부등호 게임 58
09 달팽이의 탈출 28	23 재미로 풀어 보는 퀴즈 60
10 독극물을 마시고도 살아난 이유 ... 30	**알고 나면 재밌는 암호 이야기**
11 사촌 형제의 관계 32	암호와 전쟁 62
12 성냥개비 방 줄이기 34	
알고 나면 재밌는 수학 이야기	24 수박과 얼음 64
세상에서 가장 큰 수 36	25 원판 옮기기 66

26 창문에 난 총구멍　68
27 아기 반달곰의 물 사기　70
28 엄마의 가계부　72
29 성냥개비 퍼즐　74
30 동물 달리기 대회　76

알고 나면 재밌는 수학 이야기
수학의 노벨상, 필즈상　78

31 신기한 마방진 게임　80
32 과일 가게를 찾은 손님　82
33 퍼즐 규칙 찾기　84
34 스테이크 굽는 시간　86
35 초콜릿 나누기　88
36 알쏭달쏭 분식집　90

알고 나면 재밌는 수학 이야기
어릿광대의 저글링　92

37 나쁜 마녀의 수수께끼　94
38 흰토끼, 재토끼, 검은토끼　96
39 구인 광고　98
40 계단 오르기　100
41 신기한 바둑알　102
42 학교 정원 늘리기　104

알고 나면 재밌는 수학 이야기
수학적 사고에 밝았던 에디슨　106

43 재미있는 도형 문제　108
44 가짜 금화를 찾아라　110
45 스도쿠 게임　112
46 맨홀 뚜껑이 둥근 까닭　114

정답과 해설　116

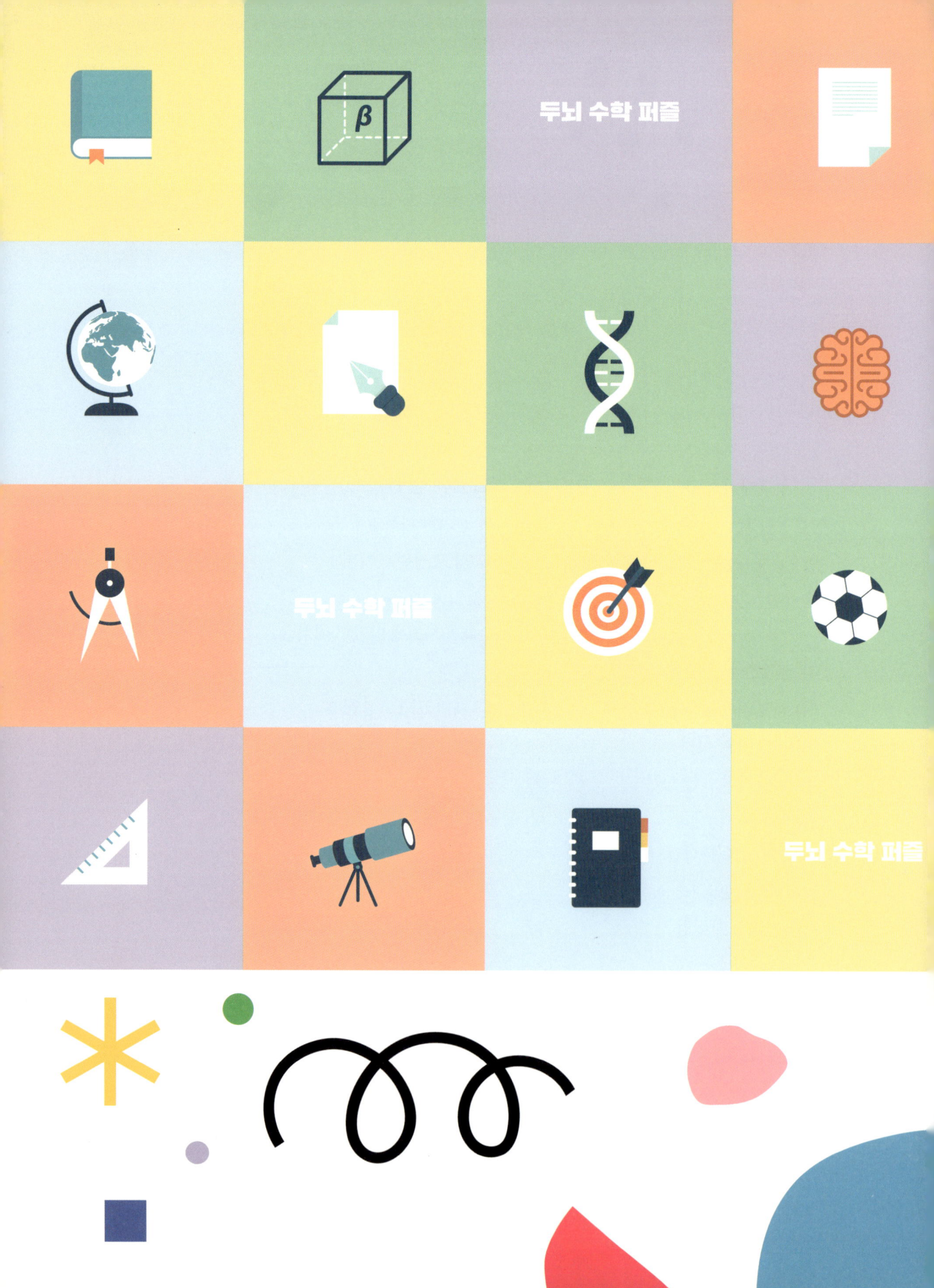

01 통나무 의자 옮기기

숲속 다람쥐 대표들이 모여 회의를 하기로 했어요.
일꾼 다람쥐들이 통나무 의자를 마련해
여기저기서 오는 대표들을 맞을 준비를 마쳤어요.
통나무 의자는 아래처럼 삼각형 모양으로 놓였어요.

그런데 똘똘 다람쥐가 통나무 의자를 보고 말했어요.
"앗, 햇빛 때문에 의자 순서를 바꾸는 게 좋겠어요.
앞쪽이 네 개, 뒤쪽이 하나로요."
그러자 일꾼 다람쥐들이 툴툴거렸어요.
"어휴, 진작 말할 것이지.
무거운 통나무 의자를 다시 옮기려면 얼마나 힘든데!"
그때 똘똘 다람쥐가 의자를 골똘히 바라보다가 말했어요.
"통나무 의자를 다 옮길 필요 없어요. 세 개만 옮기면 돼요."
일꾼 다람쥐들은 깜짝 놀랐어요.
어떻게 옮기면 삼각형 모양이 거꾸로 된다는 걸까요?
의자 세 개만 옮겨서 삼각형의 모양이 거꾸로 되게 만들어 보세요.

11

02 동물들의 나이 자랑

옛날 옛적, 호랑이와 토끼와 두꺼비가
깊은 산골에서 서로 힘을 합쳐 떡을 만들었어요.
김이 모락모락 나는 먹음직스러운 떡이 만들어지자,
호랑이가 욕심을 부렸어요.
"나이가 많은 동물이 떡을 다 먹기로 하는 게 어떻겠나?"
토끼와 두꺼비도 좋다고 고개를 끄덕였어요.
먼저 호랑이가 입을 열었어요.
"험, 나는 까마득한 옛날에 하늘과 땅이 처음 만들어질 때
망치로 하늘에 별을 박은 몸이라네."
그러면서 떡을 집으려 했어요.
그러자 토끼가 호랑이를 말리며 앞으로 나섰어요.
"잠깐 기다리게. 호랑이님은 나보다 나이가 한참 아래구려.
그 망치의 손잡이에 사용한 나무를 내가 산에다 심은 거라오.
하하, 그러니 내 나이가 더 많은 건 분명하네."

호랑이가 우물쭈물하며 말을 못 하자

이번에는 두꺼비가 나서서 나이 자랑을 했어요.

두꺼비가 한 말을 듣고 호랑이와 토끼는

아무 말도 못 하고 뒤로 물러났답니다.

과연 두꺼비는 뭐라고 했을까요?

03 최후에 남은 종목

미주가 재석이와 서바이벌 게임을 하고 있어요.
종이에 여러 가지 스포츠 종목을 써 놓고,
어떤 조건을 내세워 그것에 해당하는 종목을 탈락시켜
마지막에 한 가지 종목을 남기는 게임이에요.
먼저 미주가 종이에 다음과 같이 썼어요.

> **축구, 야구, 농구, 배구, 핸드볼, 탁구, 럭비,
> 수구, 테니스, 골프, 볼링, 배드민턴, 하키**

그리고 다음과 같은 조건을 내세웠어요.

▶ 장비를 들고 하는 경기는 탈락!
▶ 네트를 쳐 놓고 하는 경기는 탈락!
▶ 골을 넣어 점수를 얻는 경기는 탈락!
▶ ㄹ로 시작하는 경기는 탈락!

재석이는 위 조건에 해당하는 경기를 하나씩 지워 나갔어요.
그리고 최후에 남은 종목을 말했어요.
과연 마지막까지 살아남은 종목은 무엇일까요?

04 숫자의 규칙

수업 시간에 선생님이 칠판에 문제를 냈어요.

숫자의 규칙에 관한 문제였지요.

선생님은 두 가지 문제를 내고 나서 아이들에게 설명했어요.

"다음 수들은 어떤 규칙에 따라 만들어졌어요.

빈칸에 들어갈 숫자가 무엇인지 알아맞혀 보세요."

1. 77 → 49 → 36 → ? → 8

2.

11	14	15	?	19
15	23	18	33	28	45

아이들이 저마다 문제를 푸느라 정신이 없었어요.
유나는 열심히 공책에 숫자를 적었고,
도훈이는 도무지 모르겠다는 얼굴이었으며,
윤주는 알겠다는 듯 고개를 끄덕였어요.
과연 네모 칸에 들어갈 수는 무엇일까요?

05 사라진 잔돈

종영이가 오랜만에 집에 놀러 온 삼촌에게 용돈 5,000원을 받았어요.

"엄마, 나 아이스크림 사 먹어도 돼요?"

엄마는 아이스크림을 너무 많이 먹으면 배탈 난다고 잔소리를 하면서도

허락했어요.

종영이는 신이 나서 곧장 집 앞 슈퍼로 달려가

1,700원짜리 아이스크림을 사고 거스름돈 3,300원을 받아

바지 주머니에 챙겨 넣었어요.

다음 날, 종영이는 학교 수업을 끝내고

집으로 돌아가다가 과자를 사 먹으려고 가게에 들렀어요.

그런데 과자를 고르고 계산하려고 바지 주머니에

손을 넣었더니 동전 300원밖에 없는 거예요!

뒷주머니를 뒤져 봐도 없고,

점퍼 주머니를 탈탈 털어도 없었지요.

'분명히 어제 아이스크림을 사고 남은 거스름돈
3,300원을 바지 주머니에 넣어 두었는데…….'
종영은 울상이 되었어요.
바지 주머니에 구멍이 뚫린 것도 아니고
다른 물건을 사느라 쓴 적도 없는데,
3,000원이 어디로 갔을까요?
이게 어찌 된 일일까요?

06 공룡과의 대결

영호가 가상현실 게임에 열중하고 있어요.
"사방에 공룡들이 득실거리는걸. 무서워!"
공룡 시대로 들어가 황금 독수리를 구해 오는 게임인데,
영호의 아바타가 위기를 맞았어요.
두 갈래 길에서 한쪽에는 거대한 티라노사우루스가
날카로운 이빨을 드러내고 버티고 섰고,
다른 쪽에는 박치기왕으로 알려진
파키케팔로사우루스 무리가 버티고 섰어요.
영호는 티라노사우루스와 싸워 이기던지,
파키케팔로사우루스 세 마리를 연속으로 꺾어야
앞으로 나아갈 수 있었지요.
영호는 어느 쪽이 가능성이 높은지 살펴보았어요.
투시경을 통해 본 결과, 티라노사우루스를 이길 확률은 $1/10$,
파키케팔로사우루스 한 마리를 이길 확률은 $1/2$이었어요.

공룡들의 울음소리가 거칠어지고,
결정을 해야 하는 시간이 다가왔어요.
과연 영호는 어느 공룡과 싸워야 이길 가능성이 더 높을까요?

아이큐(IQ)와 멘사

사람들은 흔히 아이큐(IQ)로 두뇌의 좋고 나쁨을 나타내는 척도로 삼아요. 그런데 IQ는 단순히 지능 검사 결과의 수치로, 지능의 발달 정도를 나타낸 것이에요. 그래서 '지능 지수'라고도 하지요.

역사적으로 살펴보면, IQ는 1905년 프랑스 학자 알프레드 비네가 정상아와 지진아를 판별할 목적으로 처음 만들었어요. 그 후 일반 사람들의 지능을 평가하는 '스탠퍼드-비네' 검사로 발전해 현재 IQ 검사의 바탕이 되었지요.

하지만 IQ는 사람의 무한하고도 다양한 지능을 적절하게 나타내지는 못한다는 평가를 받아왔어요. 그에 따라 IQ 위주의 지적 재능뿐 아니라 감성 지수(EQ), 도덕 지수(MQ) 등 여러 가지 재능을 측정하는 다른 지수들이 등장했어요.

사람의 IQ는 평생 바뀌지 않는 고정된 것이 아니에요. 물론 어릴 적부

터 IQ가 높고 두뇌가 뛰어난 사람도 있지만, IQ가 낮은 사람도 창의력과 논리력, 상상력, 기억력, 추리력, 수리력 등을 키우면 얼마든지 더 높아질 수 있답니다.

IQ와 관련된 세계적인 단체도 있어요. 1946년 영국에서 창설된 '멘사'는 지능 지수가 상위 2퍼센트 이내(IQ 148 이상)인 사람만 가입할 수 있는 모임이지요. 현재 전 세계 40여 개국에 조직이 있으며, 회원이 14만 명이 넘는다고 해요. 이 모임의 목적은 인류의 이익을 위해 인간의 지능을 탐구하고 배양하고, 지능의 본질과 활용 연구에 힘쓰며, 회원들에게 지적·사회적으로 자극이 될 만한 환경을 마련하는 것이라고 해요.

여러분도 열심히 두뇌를 갈고 닦아 멘사 회원에 도전해 보는 것은 어떨까요?

07 선생님의 출근길

동우네 선생님은 매일 아침 같은 버스를 타고 출근해요.
그런데 좀 이상한 점이 있어요.
선생님은 학교에서 가장 가까운 정류장에 내리지 않고
한 정거장 더 지나간 곳에서 내려 학교로 걸어왔어요.
가장 가까운 정류장은 학교 건물에서 100미터 떨어진
곳에 있었고, 선생님이 내리는 정류장은 학교 건물을 지나
200미터를 더 간 곳에 있었어요.
그런데도 동우네 선생님은 출근할 때마다 학교에서 200미터를
더 간 곳에 있는 버스 정류장에 내린 뒤 학교까지 걸어왔어요.
선생님은 특별히 걷는 것을 좋아하지도 않는데 말이에요.
다만, 선생님은 퇴근할 때는 언제나 100미터 떨어진
곳에 있는 정류장으로 가서 버스를 탔답니다.
동우네 선생님은 가까운 버스정류장을 두고

왜 멀리까지 가서 내렸을까요?
잘 생각해 보고 이유를 말해 보세요.

08 그림으로 알아보는 속담

옛날에 나무꾼이 산속으로 나무를 하러 갔어요.

날씨도 따뜻하고 바람도 상쾌해

나무꾼은 콧노래를 부르며 열심히 땀을 흘렸어요.

그런데 도끼질에 너무 열중하다

그만 도끼를 놓쳐 연못에 빠뜨리고 말았답니다.

"애고, 이 일을 어쩐담?

도끼를 연못에 빠뜨렸으니 무슨 수로 나무를 하지?"

그때 연못에서 짠! 산신령이 나타났어요.

"쯧쯧, 조심했어야지. 네 도끼를 그냥 내줄 수는 없다.

내가 내는 문제를 맞히면 도끼를 꺼내 주마."

그러면서 산신령은 그림이 그려진 종이 두 장을 내밀었어요.

"이 그림이 뜻하는 속담이 무엇인지 맞혀 보아라!"

나무꾼은 종이를 받아들고 그림을 뚫어져라 쳐다보았어요.

"아, 이게 무슨 속담을 그린 거지?"

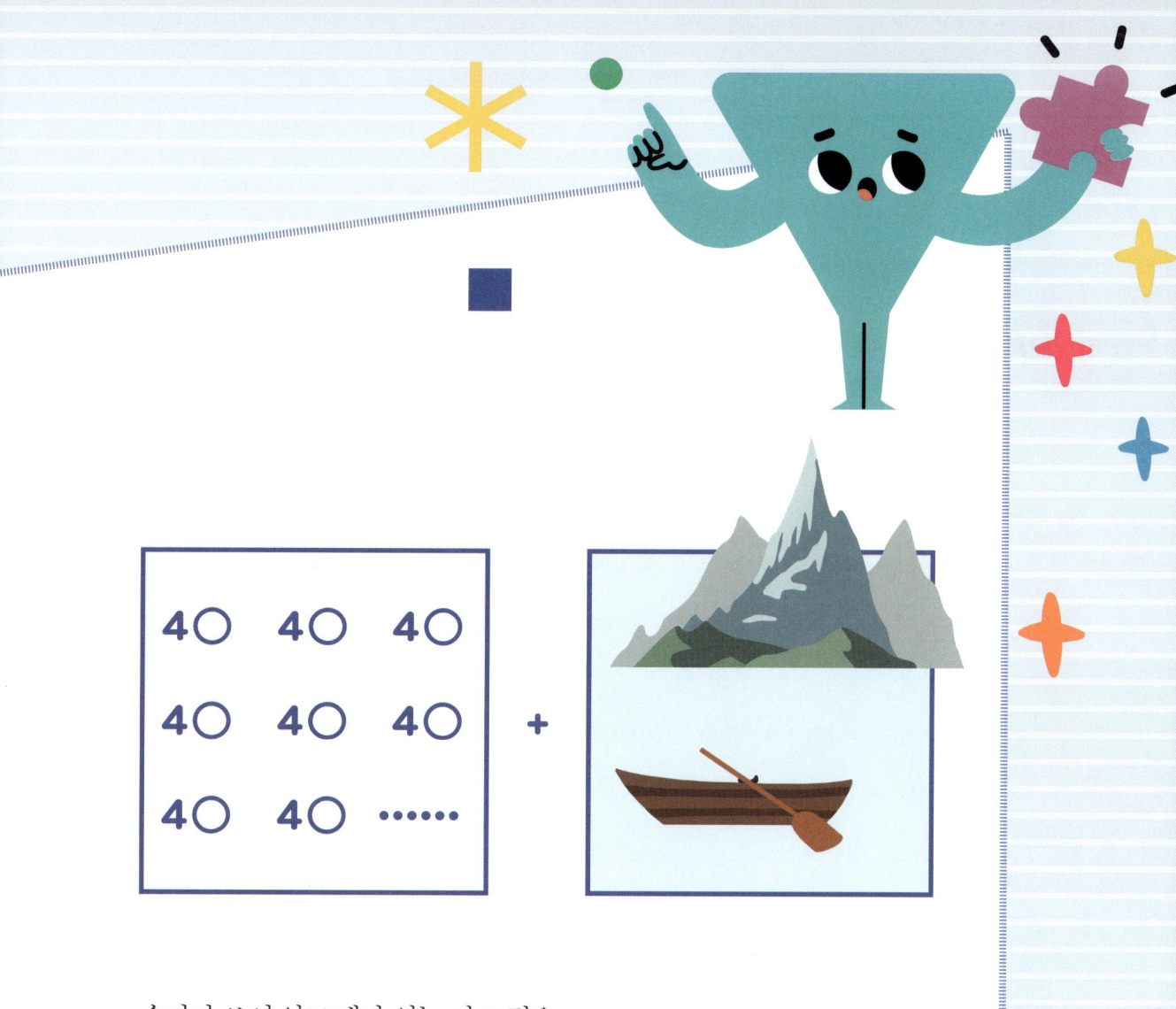

숫자가 쓰여 있고 배가 있는 이 그림은
무슨 속담을 나타낸 것일까요?

09 달팽이의 탈출

달팽이가 길을 가다가 우물에 떨어졌어요.
우물 안에 있던 개구리 아주머니는 놀라서 소리쳤어요.
"에구머니나, 깜짝 놀랐네!"
달팽이는 다행히 몸을 다치지는 않았어요.
"개구리 아주머니는 왜 여기 계세요?"
"나도 밖에 나가고 싶지. 그런데 우물이 너무 깊어.
깊이가 무려 20미터나 된다고.
어느 세월에 저 꼭대기까지 올라가겠니?"
그러자 달팽이는 우물 위 하늘을 바라보며 말했어요.
"천 리 길도 한 걸음부터라고 했잖아요.
쉬지 않고 가다 보면 언젠가는 올라가겠죠."
달팽이는 정신을 차리고 우물 벽을 기어오르기 시작했어요.
워낙 걸음이 느린 달팽이라 하루에 겨우 3미터를 올라갔어요.
하지만 밤에 잠자는 동안에 2미터를 미끄러져 내렸지요.

우물 벽이 반질반질 미끄러웠거든요.

"휴, 이렇게 해서 언제 우물을 빠져나갈 수 있을까?"

한숨을 쉬면서도 달팽이는 다시 우물 벽을 기어올랐어요.

하루에 3미터를 올라갔다가 다시 2미터를 미끄러져 내리면,

달팽이는 며칠 만에 우물을 빠져나올 수 있을까요?

10 독극물을 마시고도 살아난 이유

안개 자욱한 초겨울의 어느 날 밤,
시내 뒷골목 술집에서 건장한 남자 세 사람이
의식을 잃고 쓰러져 사망하는 사건이 일어났어요.
좁은 골목에서 나무 계단을 내려가 오른쪽으로
20미터쯤 떨어져 있는 후미진 술집이었는데,
오가는 사람이 거의 없는 곳에 자리 잡고 있었어요.
종업원의 말에 따르면 원래 네 사람이 함께 들어왔다고 해요.
그들은 양주 1병을 시켜서 한 잔씩 먹었고,
그중 한 사람은 술을 단숨에 마시고 먼저 나갔다고 했어요.
나머지 세 사람은 이야기를 나누며 먹다가
어느 순간 변을 당했다는 것이었지요.
그들이 술을 먹던 자리에는 먹다 남은 술병과 네 개의 잔,
그리고 얼음을 담았던 얼음통이 탁자에 그대로 있었어요.
검사 결과, 네 개의 잔에서는 모두 치명적인 독극물이 검출되었어요.

그런데 가장 먼저 먹고 나간 사람은 멀쩡했어요.
똑같은 양주를 먹었는데, 그 사람은 어떻게
멀쩡히 술집을 걸어 나갈 수 있었던 걸까요?

11 사촌 형제의 관계

준호네 집에서는 할아버지 생신 잔치가 한창이었어요.
"아버님, 생신 축하드립니다!"
아빠의 형제들이 모여 와자지껄 시끄러웠지요.
서로 친하게 지냈던 사촌 형제인 선우와 수영이도 왔어요.
준호와 선우, 수영이는 좋아하는 스포츠 종목이 달랐어요.
그리고 나이도 8살, 9살, 10살로 한 살씩 차이가 났지요.
세 사람이 각각 좋아하는 종목은 축구, 배드민턴, 농구예요.
이때 세 사람 사이에는 다음과 같은 관계가 있어요.

▶ **선우는 라켓을 들고 하는 스포츠를 좋아해요.**

▶ **수영이는 넓은 운동장을 뛰어다니며 하는 스포츠를 좋아해요.**

▶ **준호는 또래에 비해 키가 크고, 셋 중 나이가 가장 많아요.**

▶ **선우는 내년이면 나이가 두 자릿수가 돼요.**

위 조건을 만족시키려면 누가 어떤 종목을 좋아하고, 나이가 몇 살인지 짝을 지어 보세요.

12 성냥개비 방 줄이기

이모와 민호는 성냥개비 게임 중이었어요.

"자, 이번에도 성냥개비 방을 줄이는 문제야.

여기에 다섯 개의 성냥개비 방이 있어.

그런데 이렇게 많은 방이 필요 없어서 같은 크기의

성냥개비 방 네 개로 만들려고 해.

그런데 성냥개비를 두 개만 옮겨서 완성을 해야만 하지.

당연히 성냥개비를 겹쳐 놓아서도 안 되고,

성냥개비가 남아서도 안 돼.

5분 안에 풀 수 있겠지?"

윤호는 성냥개비 게임이라면 자신이 있었어요.

"좋아요. 시작할게요!"

과연 성냥개비 두 개만 움직여서
방을 네 개를 만들려면 어떻게 하면 될까요?

세상에서 가장 큰 수

여러분은 세상에서 가장 큰 수가 무엇이라고 생각하나요? 만? 억? 조? 사전에 나와 있는 가장 큰 수는 1952년 최초로 기록된 센틸리온(centillion)이에요. 이 수는 100만을 100번 곱한 수인데, 1뒤에 0이 무려 600개가 붙어요. 미국의 수학자 에드워드 캐스터는 세상에서 가장 큰 수를 무엇이라고 불러야 할지 고민하다가 '구골'이라는 이름을 붙였어요. 구골은 1 다음에 0이 100개 붙어요. 구골보다 큰 수는 '구골플렉스'인데, 1 다음에 0이 10억의 10억 배가 붙어요. 수학 증명에 사용된 가장 큰 수는 1977년 발표된 '그레이엄 수'라고 알려져 있어요. 미국의 수학자 로널드 그레이엄이 이름을 붙인 특정한 자연수의 명칭으로 G로 표시하지요.

인도에는 '항하사'라는 수가 있어요. 항하사는 인도의 갠지스 강가에 흩어져 있는 모래알의 수를 나타내요. 1뒤에 0이 52개나 나오는 거대한 수랍니다. 불교에서 큰 수를 뜻하는 말에는 '무량대수'가 있어요. 무량

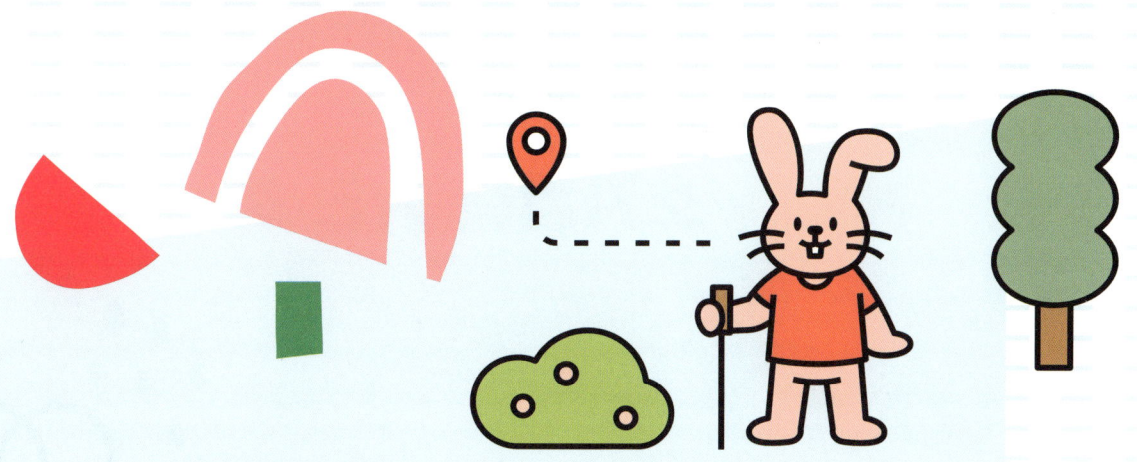

대수는 10을 68번 곱한 수이며, '양을 헤아릴 수 없는 수'라는 뜻을 가지고 있어요.

우리말 사전에 기록된 수의 단위는 일, 십, 백, 천, 만, 억, 조, 정, 해, 자, 양, 구, 간, 정, 재, 극, 항하사, 아승기, 나유타, 불가사의, 무량대수의 순으로 나타나 있어요. 여기서 0이 가장 많이 붙은 무량대수가 가장 큰 수일까요? 그렇지 않아요. 무량대수보다 더 큰 수가 있는데, 바로 '겁'이에요. '겁'이란 한 세상이 만들어졌다가 사라진 뒤 다시 만들어지기까지의 시간을 뜻하는 수라고 말해요.

그렇다면 겁이 이 세상에서 제일 큰 수일까요? '겁보다 하나 더 큰 수'라고 하면 겁보다 큰 수가 되지 않을까요? 이렇게 끝을 알 수 없는 것을 '무한'이라고 불러요. 수학에서 끝을 알 수 없는 수는 기호 ∞(무한대)로 나타내는데, 이것보다 더 큰 수는 없답니다.

13  초가집을 밝힌 초

영호가 컴퓨터 앞에서 열심히 마우스를 움직이고 있었어요.
아바타(가상 현실에서 자신의 역할을 대신하는 캐릭터)의 능력을
최대치로 올리는 게임 중이지요.
갑자기 영호가 한숨을 내쉬었어요.
"어휴, 이번에도 함정에 빠졌네.
또다시 수수께끼 문제를 풀어야만 빠져 나올 수 있겠지?"

영호가 문제판을 클릭했어요.
그러자 다음과 같은 문제가 떠올랐어요.
왠지 으스스한 느낌이 드는 문제였어요.

깊은 산속에 초가집이 한 채 있다.
아무도 살지 않는 허름한 집인데, 밤이면 누군가 항상 촛불 아홉 자루를 켜 놓았다.
그런데 그날은 바람이 심하게 불어 촛불 두 자루가 꺼지고 말았다.
다음 날 아침, 나무를 하러 산에 올랐던 나무꾼이 그 집에 들어갔을 때 초 몇 자루가 남아 있었을까?

영호는 잽싸게 7자루라고 쓰고 엔터키를 눌렀어요.
그러자 갑자기 연기가 피어오르며 폭발음이 들렸어요.
"아, 실패다! 그럼 몇 개지?"
영호가 함정에서 빠져 나오기 위한 정답은 무엇이었을까요?

14 암호로 풀어 보는 고사성어

승민이는 요즘《삼국지》를 읽는 재미에 푹 빠졌어요.
그런 사실을 어떻게 알았는지《삼국지》마니아인 동우가
다음과 같은 쪽지를 보냈어요.

승민아!

요즘《삼국지》를 읽고 있다며?

네 수준이 어느 정도인지 내가 퀴즈를 내볼게.

먼저 아래의 한글 암호표를 잘 살펴봐.

	1	2	3	4	5	6
A	ㄱ	ㄴ	ㄷ	ㄹ	ㅁ	ㅂ
B	ㅅ	ㅇ	ㅈ	ㅊ	ㅋ	ㅌ
C	ㅍ	ㅎ	ㅏ	ㅑ	ㅓ	ㅕ
D	ㅗ	ㅛ	ㅜ	ㅠ	ㅡ	ㅣ

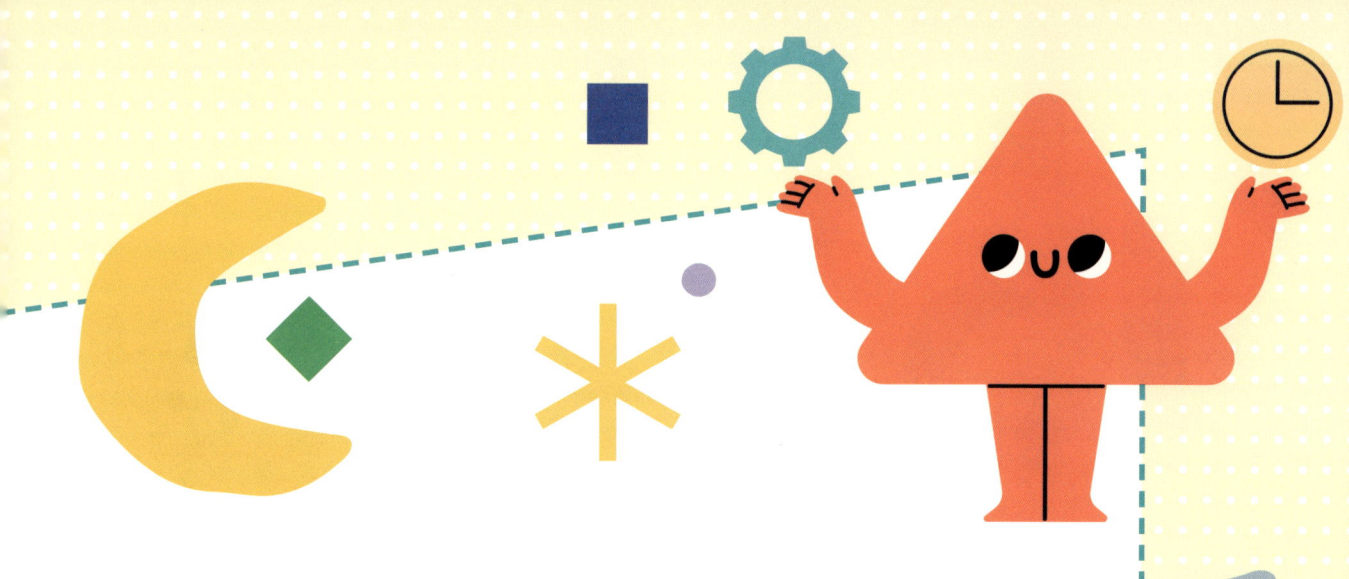

이 암호표를 읽는 법은 물론 잘 알겠지?

아래는 《삼국지》에 나오는 고사성어를 암호표에 따라 만들어 본 거야.

1. A3D1 B2D3C5A2 A1C6A4 B2D5D6

2. B1C3A5 A1D1 B4D1 A4C6

이 두 가지 고사성어가 무엇인지 맞혀봐.

둘 다 맞히면 《삼국지》 마니아임을 인정해 줄게!

승민이는 암호표를 찬찬히 들여다보았어요.

그리고 연필로 무언가를 썼어요.

과연 암호는 어떤 고사성어였을까요?

15 동전 뒤집기

민준이와 동생 민아가 동전 뒤집기 놀이를 하고 있어요.
민준이가 백 원짜리 동전 5개를 아래와 같이
앞면이 보이게 늘어놓았어요.
(꼭 일렬로 늘어놓지 않아도 괜찮아요.)

민준이가 문제를 냈어요.
"동전을 한 번에 3개씩 뒤집는 거야.
그렇게 해서 동전 5개 모두 뒷면(숫자)이 보이게 하려면
최소한 몇 번을 뒤집어야 할까?

단, 한 번에 2개를 뒤집거나 ABA처럼
같은 동전을 바로 뒤집어서는 안 돼."
민아는 알았다는 듯이 동전을 뒤집기 시작했어요.
과연 민아는 몇 번 만에 동전 5개의 뒷면을 볼 수 있었을까요?

16 빵집에 든 도둑

어느 날 새벽, 시내의 한 빵집에 도둑이 들어
금고에서 현금을 훔쳐 간 사건이 일어났어요.
빵집 주인은 밤늦게까지 빵을 만들다가
새벽 1시에 집으로 들어갔다고 했어요.
그런데 새벽 4시경에 지나가던 사람이 빵집의 문이
열린 것을 보고 의심스럽다며 경찰에 신고했지요.
형사 김설록 씨는 상점 주변 시시티브이(CCTV)를
꼼꼼이 확인한 다음, 새벽 1시에서 4시 사이에
그 지역에 있던 네 명의 용의자를 찾아냈어요.
그리고 네 사람을 따로따로 불러 질문했어요.
"새벽 1시에서 4시 사이에 무엇을 하느라 시내에 있었지요?"
그러자 네 사람은 각각 다음과 같이 대답했어요.

A – 그 지역에 새벽 배송을 다니는 사람입니다.

B – 새벽 운동을 하는데, 그날따라 좀 일찍 나왔어요.

C – 술을 마시다 집에 갔을 뿐, 맛나 빵집 앞에는 가지도 않았어요.

D – 잠이 오지 않아 그냥 거리를 여기저기 걸어 다녔어요.

용의자들의 대답을 듣고 난 형사 김설록 씨는
곧바로 C씨를 범인으로 체포했어요.
형사는 왜 C씨를 범인으로 단정했을까요?

17 누가 어떤 음식을 좋아할까?

유미와 한솔, 세호와 선우는 같은 모둠의 구성원이에요.

이번에 각 모둠별로 《아낌없이 주는 나무》를 읽고

줄거리를 이야기하고, 느낀 점을 발표하기로 했어요.

네 사람이 모여 책을 읽고 토론을 하다가,

점심때가 되어 분식점에 점심을 먹으러 갔어요.

네 사람은 뭘 먹을까 생각하다가

서로 좋아하는 음식에 대한 이야기를 나누었어요.

대화를 잘 들어 보세요.

A.
유미는 돈가스를 좋아하지.

B.
난 떡볶이를 좋아하지만, 이름이 한솔은 아니야.

C.
한솔이는 치킨을 좋아해. 하지만 선우는 아니야.

D.
세호는 피자를 좋아하고, 난 돈가스를 좋아하지 않아.

위 대화를 바탕으로 A, B, C, D가 각각 누구고, 무슨 음식을 좋아하는지 사람 이름과 음식을 짝지어 보세요.

18 네모난 방의 비밀

시연이가 신나게 모험 게임을 하다가
함정에 빠져 아래와 같은 네모난 방에 갇혔어요.

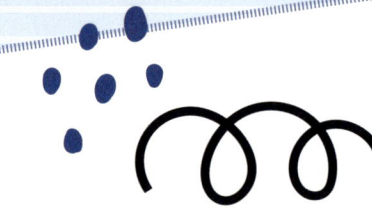

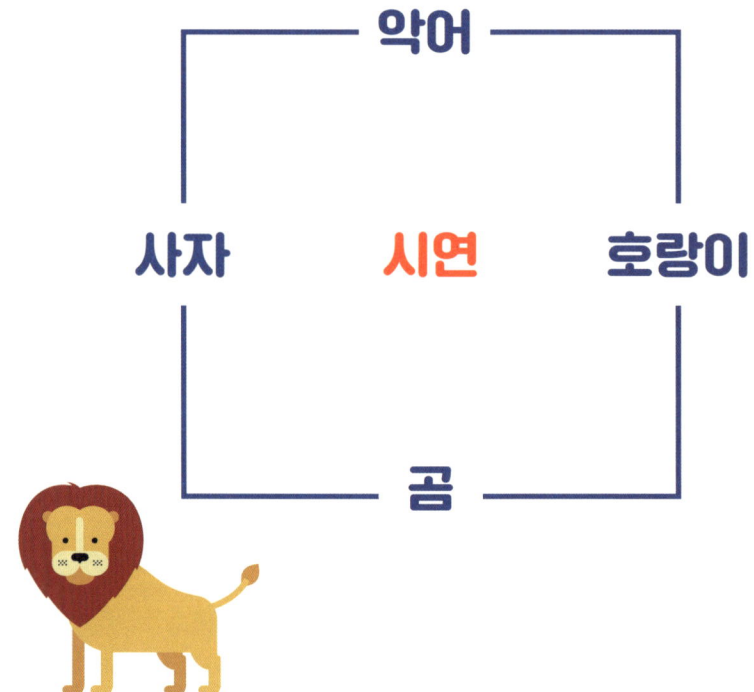

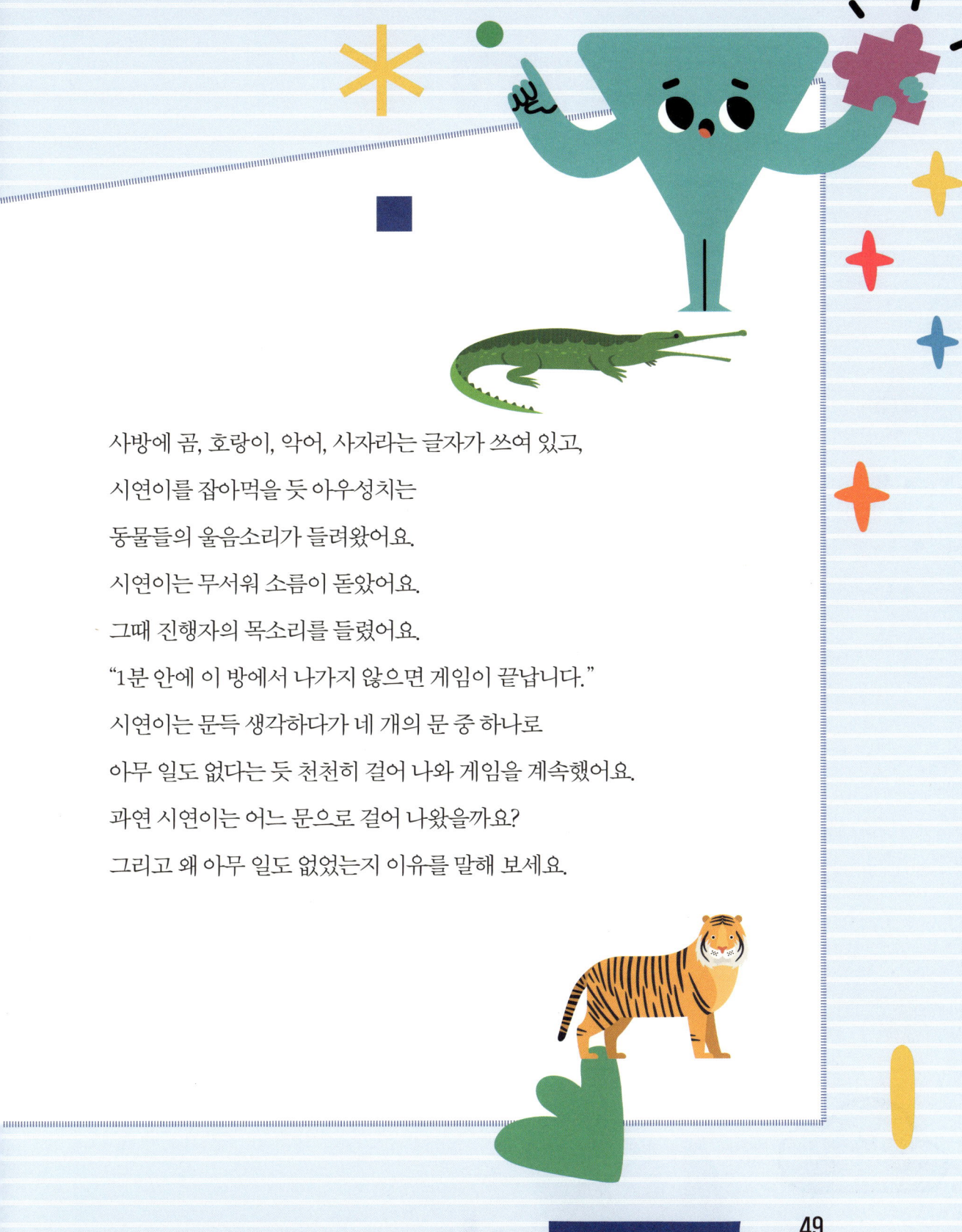

사방에 곰, 호랑이, 악어, 사자라는 글자가 쓰여 있고,
시연이를 잡아먹을 듯 아우성치는
동물들의 울음소리가 들려왔어요.
시연이는 무서워 소름이 돋았어요.
그때 진행자의 목소리를 들렸어요.
"1분 안에 이 방에서 나가지 않으면 게임이 끝납니다."
시연이는 문득 생각하다가 네 개의 문 중 하나로
아무 일도 없다는 듯 천천히 걸어 나와 게임을 계속했어요.
과연 시연이는 어느 문으로 걸어 나왔을까요?
그리고 왜 아무 일도 없었는지 이유를 말해 보세요.

 알고 나면 재밌는 추리 이야기

셜록 홈스와 아르센 뤼팽

셜록 홈스는 영국 작가 아서 코넌 도일이 자신의 책에서 만들어낸 명탐정이에요. 그는 1887년 '홈스 시리즈'의 첫 번째 작품인 〈주홍색 연구〉를 통해 세상에 모습을 드러냈어요. 이후 '탐정'이라고 하면 누구나 홈스를 떠올릴 만큼 강렬한 발자취를 남긴 인물이에요.

한편 프랑스에서도 그에 대적할 만한 인물이 탄생했어요. 1905년 모리스 르블랑의 책을 통해 세상에 나온 아르센 뤼팽이에요. 그는 신출귀몰한 도둑으로 '괴도 뤼팽'으로 불렸어요.

그런데 사람들은 왜 가상의 추리 소설 주인공에 그토록 열광한 걸까요? 먼저 홈스는 사건 현장의 하찮은 단서도 놓치지 않고 냉철한 분석과 번뜩이는 추리로 사건을 해결하는 뛰어난 모습을 보였어요. 그 결과 영국 사람들은 홈스를 '법과 정의의 대변자'로 부르며 떠받들고 인기 스타가 되었지요.

뤼팽의 인기도 홈스에 못지않아요. 독자들은 뤼팽이 감옥에 갇히자 뤼팽을 탈출시켜서라도 후속 작품을 보여 달라고 호소할 정도였답니다. 뤼팽은 아무리 근사해 보이는 대저택이라도 훔치고 싶은 물건이 없으면 쪽지만 남기고 사라지기도 하고, 경찰을 허수아비로 만드는 뛰어난 변장술과 초인간적인 능력으로 독자들을 사로잡았어요.

이렇듯 홈스와 뤼팽은 20세기 초 세계적인 인기 스타였어요. 이들을 주인공으로 한 영화와 드라마도 계속 만들어져 지금도 여전히 사랑받고 있죠. 이쯤 되면 아서 코넌 도일과 모리스 르블랑, 두 작가의 두뇌에 존경의 뜻을 표해야 하지 않을까요?

19 있다 없다 퀴즈

강아지와 고양이가 서로 다른 방향에서 오다가
서로 피할 수 없는 외나무다리에서 딱 마주쳤어요.
강아지가 귀를 세우고 말했어요.
"내가 먼저 다리에 들어섰으니 네가 물러서!"
고양이도 꼬리를 세우며 말했죠.
"무슨 소리? 내가 나이가 더 많으니 먼저 건너 가야해!"
강아지와 고양이는 서로 지지 않고 버텼어요.
달리 방법이 없자 강아지가 제안했어요.
"좋아. 그럼 내가 문제를 낼 테니까
네가 맞히면 내가 물러나고,
못 맞히면 네가 물러나는 걸로 하자."
고양이도 좋다고 했어요. 강아지가 문제를 냈어요.
"다음 설명에 공통으로 해당하는 낱말이 뭔지 맞혀 봐.
힌트는 두 글자라는 것!"

① 솜에는 있고, 이불에는 없어요.

② 별에는 있고, 해에는 없어요.

③ 알에는 있고, 달걀에는 없어요.

④ 박하에는 있고, 장미에는 없어요.

⑤ 막대에는 있고, 나무에는 없어요.

과연 위 설명에 공통으로 들어가는 낱말이 무엇일까요?

이상한 킥보드 경주

엄마가 하운이와 도운이에게 킥보드를 선물했어요.

하운이는 빨간 킥보드, 도운이는 파란 킥보드였어요.

두 남매는 경쟁하듯 신나게 킥보드를 타고 달렸어요.

"오호, 오늘은 내가 더 빨랐지?"

하운이가 휘파람을 불며 좋아했어요.

아이들이 너무 빨리 달리자 엄마는 은근히 걱정되었어요.

"얘들아, 빨리 달리지 마. 그러다 다치면 어떡하니?"

하지만 말릴 때뿐이었어요.

하운이와 도운이는 여전히 경쟁하듯 킥보드를 타고 다녔지요.

걱정이 된 엄마가 남매가 천천히 다니기를 바라면서 이런 제안을 했어요.

"킥보드를 타고 공원까지 갔다 오는데,

늦게 오는 사람에게 용돈 천 원을 더 줄게."

"좋아요!"

그런데 하운이와 도운이는 서로 속닥거리더니

조금도 망설이지 않고 쌩~하니 달려가는 것이었어요.

분명 남매는 용돈 받는 걸 무척 좋아하면서도

늦게 달려야 하는 경주에서 왜 서로 빨리 달린 걸까요?

21 시청자 속담 퀴즈

정원이네 가족들이 모인 저녁 시간,
저녁을 먹고 나서 텔레비전을 보는데
그림으로 알아맞히는 속담 게임을 하고 있었어요.
먼저 다음과 같은 그림이 나왔어요.

그러자 정원이가 재빨리 손을 들었어요.
"정답! 병 주고 약 준다."
"딩동댕!"
아빠가 박수를 쳐 주었어요.
이어서 다음과 같은 시청자 퀴즈가 나왔어요.

꼬리와 혀가 길쭉한 동물과 키재기 하는 친구 그림이었어요.
"이게 도대체 뭐지?"
동생 정우가 머리를 긁적였어요.
과연 이 그림이 뜻하는 속담은 뭘까요?

22 부등호 게임

삼촌이 세영이에게 물었어요.

"세영아, 지난번에 부등호 게임 해 봤지?"

"네, 히히! 재미있었지만 시간이 초과됐죠."

"그래서 다시 도전할 수 있는 기회를 줄게!
이번에도 게임 요령은 지난번과 마찬가지지만,
네모 안에 5, 6, 7, 8, 9 중에서 적당한 숫자를 넣어
주어진 부등호가 성립되도록 하는 거야."

"좋아요. 이번에는 자신 있어요!"

"단, 가로 줄과 세로 줄에는 각 숫자가
한 번씩만 나오게 해야 하고."

"알아요! 이번에는 몇 분 안에 풀어야 해요?"

"오늘은 10분 줄게."

"성공하면 아이스크림 사 주셔야 해요?"

"오케이! 자, 그럼 시작!"

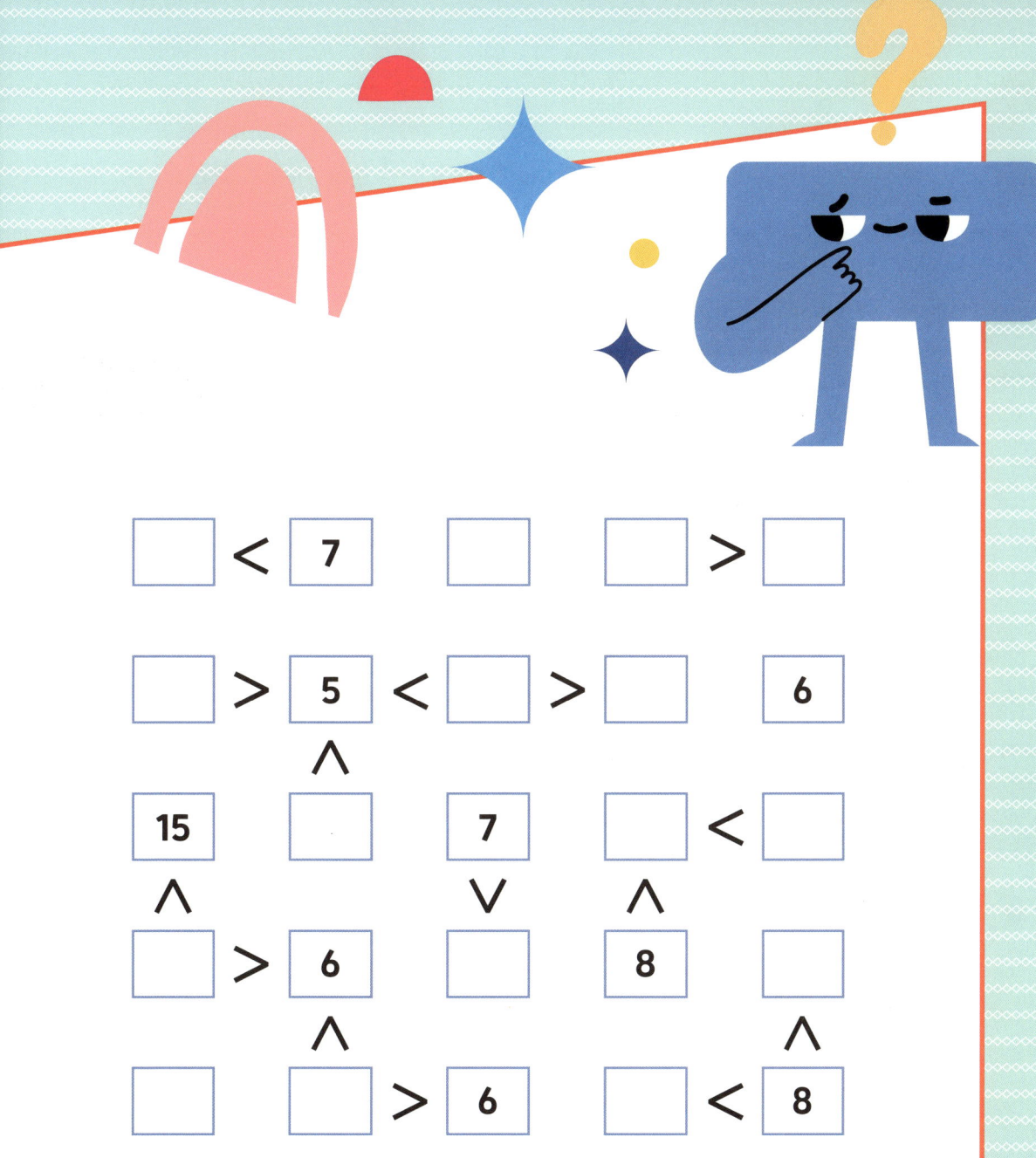

23 재미로 풀어보는 퀴즈

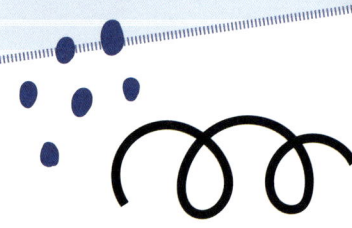

1. 한 아주머니가 5,000원을 가지고 시장에 갔어요.
가게에서 3,500원짜리 물건을 사고 값을 치렀는데
가게 주인이 거스름돈을 500원을 주었어요.
어떻게 된 걸까요?

2. 버스 운전기사 아저씨가 버스를 타고 가는데
사람이 많은 정류장에 버스가 섰어요.
그때 한 노인이 힘들게 버스에 오르자
운전기사 아저씨가 자리에서 일어났어요.
어떻게 된 걸까요?

3. 은행 강도 셋이 은행을 털러 갔어요.
그런데 어이없게도 은행에 돈이 거의 없었어요.
게다가 곧 경찰이 들이닥치는 바람에 붙잡히고 말았지요.
어떻게 된 걸까요?

4. 20층 아파트의 외벽을 칠하던 일꾼이
사다리에서 떨어지는 사고를 당했어요.
하지만 아무 데도 다치지는 않았지요.
어떻게 된 일일까요?

알고 나면 재밌는 암호 이야기

암호와 전쟁

암호란 비밀스럽게 전하고자 하는 내용을 남들이 알아보지 못하게 글자나 숫자, 부호 등으로 꾸민 약속 기호예요. 일상생활에서는 굳이 그럴 필요가 없겠지만 전쟁 중인 나라에서는 비밀을 유지할 필요가 있기 때문에 암호를 만들어 써요. 전쟁 상대국은 암호를 풀기 위해 수학자를 동원하는 등 큰 공을 들이지요.

16세기의 프랑스 수학자 프랑수아 비에트는 에스파냐의 암호문을 해독해 암호를 읽는 법과 만드는 방법을 알아냈어요. 그 뒤 프랑스와 에스파냐 사이에 전쟁이 일어났을 때 에스파냐가 이 암호를 이용해 통신을 하자, 프랑스는 암호를 풀어 에스파냐의 작전을 미리 알아냈지요. 그 덕분에 프랑스가 승리를 거둘 수 있었어요.
또 제2차 세계 대전은 사상 최대 규모의 '암호 전쟁'이라고들 얘기해요. 독일과 일본이 패한 원인이 바로 암호 전쟁에서 졌기 때문이라는 것이지요. 대표적인 예로, 연합군이 태평양 섬에 엄청난 공격을 퍼부어 일

본군을 격파하는 데 결정적 역할을 한 것이 바로 암호 해독이었어요. 대서양에서 나치 독일의 잠수함을 폭파할 수 있었던 것도 마찬가지였어요. 카를 되니츠 독일 해군 제독이 유(U)보트 함장에게 지시를 내리는 데 사용한 나치의 '에니그마(수수께끼)' 암호를 미국과 영국의 수학자들이 풀었기 때문이지요. 또 일본의 항복 소식을 가장 먼저 알린 것도 암호 해독자들이었어요.

어떤 암호든 암호는 규칙성을 가지고 만들어져요. 따라서 그 규칙만 찾으면 얼마든지 해독이 가능하지요. 암호를 만들거나 푸는 일은 수학자들의 몫이라, 전쟁 중에 암호를 푸는 일에 수학자들이 큰 공헌을 했답니다.

24 수박과 얼음

햇살 따가운 여름날 오후였어요.

수현이 엄마가 큼지막한 수박을 한 덩이 사 왔어요.

엄마는 수박을 자른 다음, 속을 파내 얼음과 함께
우유와 설탕을 넣어 수박화채를 만들었어요.

"와, 내가 좋아하는 수박화채다!"

수현이가 숟가락을 들고 먹으려 하자 엄마가 말렸어요.

"잠깐! 엄마가 내는 문제를 맞혀야 먹을 수 있어."

"아앙, 얼른 먹고 싶은데. 하지만 좋아요!"

그러자 엄마가 문제를 냈어요.

"햇볕이 뜨거운 태양 아래 수박 5킬로그램과
얼음 5킬로그램을 그림처럼 시소 양쪽에 올려놓았어.
5시간이 지났을 때 시소는 어느 쪽으로 기울어졌을까?"

수현이는 금세 손을 들고 말했어요.

"당연히 수박 쪽으로 기울죠. 얼음이 녹으니까요."

"땡! 틀렸어. 다시 한 번 생각해 봐."

"어? 분명히 얼음이 녹을 텐데……."

과연 시소는 어느 쪽으로 기울어졌을까요?

25 원판 옮기기

승주가 아빠랑 원판 옮기기 게임을 하고 있었어요.
아빠가 승주에게 문제를 냈어요.
"A, B, C 세 개의 기둥이 고정되어 있고,
그중 A 기둥에 크기가 다른 원판 세 개가 끼워져 있어.
이 원판을 하나씩 빼서 B 기둥으로 옮기려고 해.
이때 원판은 한 번에 한 개씩만 옮겨야 하고,
작은 원판 위에 큰 원판을 올려놓을 수 없어."
"3번 원판 위에 2번 원판을 올려놓을 수는 없다는 거죠?"
"그렇지! 그러면 몇 번 만에 전부 다 옮길 수 있을까?"
승주는 문제를 쉽게 풀 수 있을 것 같았어요.
그런데 작은 원판 위에 큰 원판을 올려놓을 수 없다는 게 고민이었죠.
자, 승주는 몇 번 만에 A 기둥의 원판을 B 기둥으로 옮겼을까요?

26 창문에 난 총구멍

비가 내릴 듯 어둑어둑한 어느 일요일 오후였어요.

고급 빌라들이 들어선 주택가 골목에서

주변 공기를 찢는 날카로운 총소리가 들렸어요.

곧이어 빌라 2층에 살던 A씨가 총상을 입고 쓰러지는

사건이 발생했어요.

총소리를 들은 이웃 사람들이 곧바로 신고했고,

경찰이 출동해 사건 현장을 살폈지요.

A씨는 창문 옆에 쓰러져 숨을 거둔 상태였어요.

창에 총구멍이 난 것으로 미루어 보건대,

밖에서 창문으로 A씨를 겨냥해 총을 쏜 것이 분명했어요.

그런데 이상한 점이 있었어요.

목격자에 따르면 총소리가 한 번 났다는데,

창문에는 총구멍이 두 개가 나 있었지요.

어떻게 된 상황일까요?

27 아기 반달곰의 물 사기

깊은 산속, 아기 반달곰이 물통을 들고 물을 사러 왔어요.
샘물이 퐁퐁 솟는 옹달샘에서 여우가 물을 팔고 있었지요.
"물 4리터만 주세요."
그러자 여우가 반달곰을 보고 말했어요.
"4리터? 우린 5리터하고 3리터짜리 통밖에 없는데."
"안 돼요. 엄마가 꼭 4리터를 사 오라고 하셨어요."
여우는 어쩔 줄 몰라 허둥거렸어요.
그때 다람쥐가 도토리를 물고 지나갔어요.
여우가 다람쥐를 불러 도와 달라고 부탁했어요.
"반달곰이 물 4리터를 사러 왔는데
우리 집에는 5리터하고 3리터짜리 통밖에 없으니,
이 일을 어쩌면 좋겠니?"

꾀 많은 다람쥐는 도토리를 오독오독 씹으며 생각했어요.
그러더니 거침없이 5리터에 물을 담기 시작했어요.
다람쥐는 어떻게 4리터를 만들려는 걸까요?
여러분도 방법을 생각해 보세요.

28 엄마의 가계부

도훈이는 엄마가 없는 틈을 타서
엄마의 태블릿으로 게임을 하려 했어요.
"제발 늦게 오셨으면 좋겠는데……."
하지만 허둥지둥 게임을 시작하다가 그만 잘못 눌러 엉뚱한 앱이
열리는 바람에 엄마의 가계부를 보게 되었지요.
아마도 전통 시장에서 물건을 사고 남은
거스름돈을 적어 놓은 것 같았어요.
가계부를 눈으로 훑어보던 도훈이는
뭔가 이상한 점을 발견했어요.
아래 네 가지 내역에서 중에서 이상한 점이 있는
것은 어느 것인지 골라 보세요.

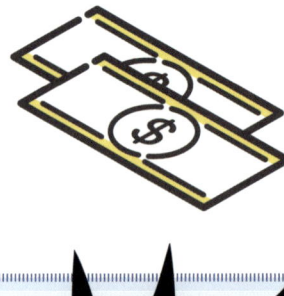

1
4월 2일
가격 : 12,040원
지불 : 15,040원
거스름돈 : 3,000원

2
4월 5일
가격 : 21,780원
지불 : 25,000원
거스름돈 : 3,220원

3
4월 8일
가격 : 11,320원
지불 : 16,020원
거스름돈 : 4,700원

4
4월 12일
가격 : 14,560원
지불 : 20,060원
거스름돈 : 5,500원

29 성냥개비 퍼즐

즐거운 성냥개비 퍼즐 시간이에요.

성냥개비 24개가 아래 그림처럼 배열되어 있어요.

모두 똑같은 9개의 정사각형을 이루고 있지요.

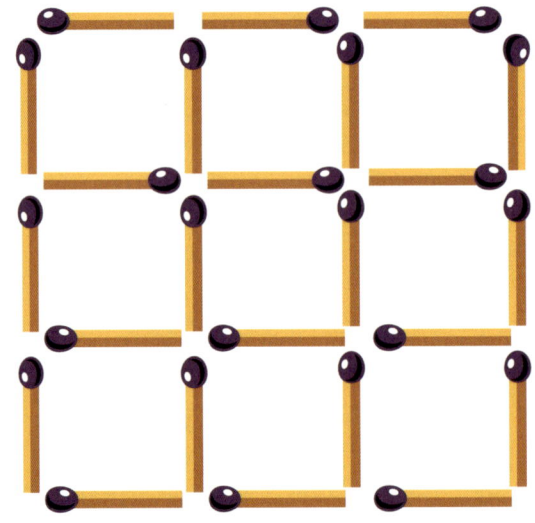

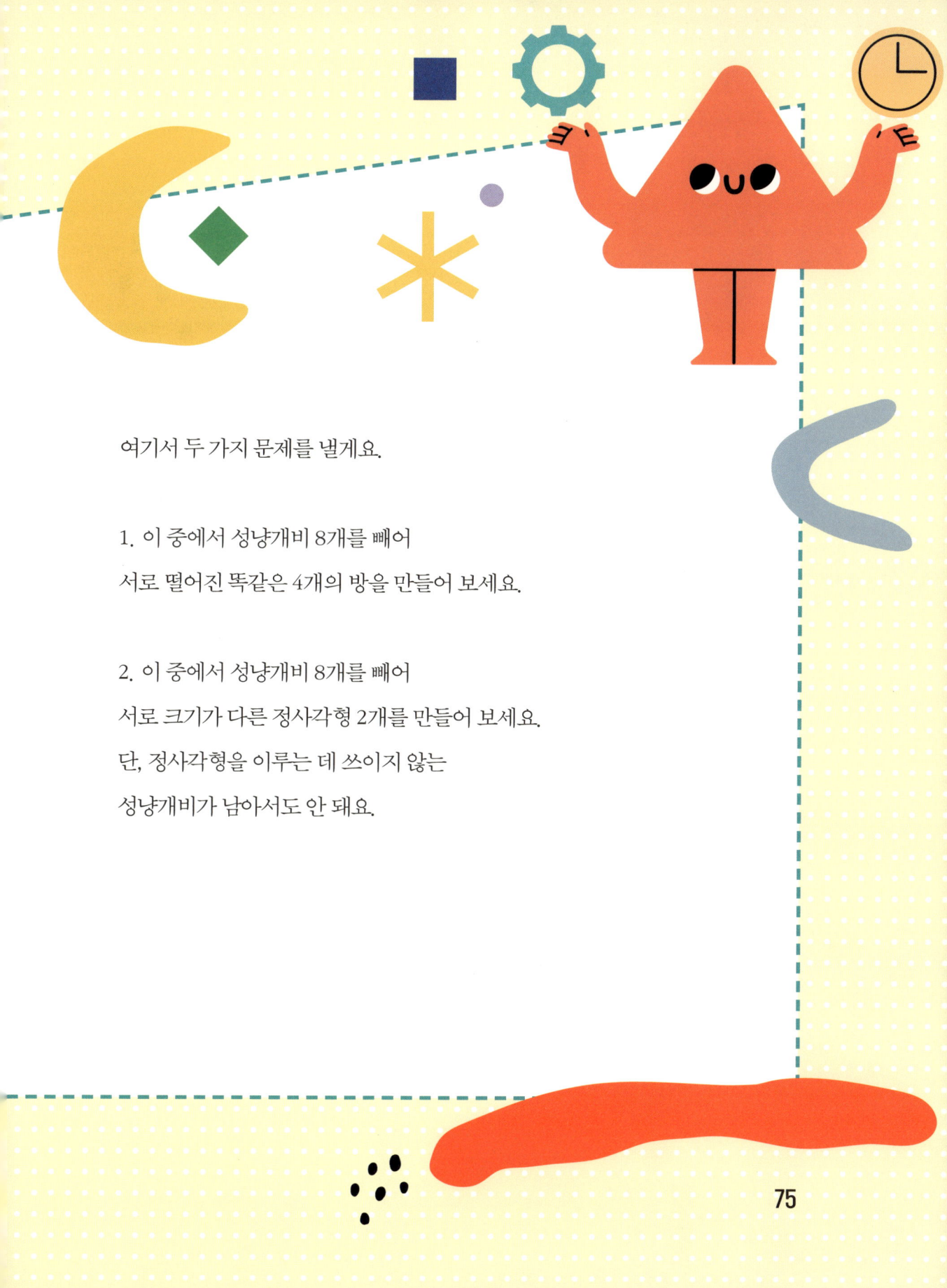

여기서 두 가지 문제를 낼게요.

1. 이 중에서 성냥개비 8개를 빼어 서로 떨어진 똑같은 4개의 방을 만들어 보세요.

2. 이 중에서 성냥개비 8개를 빼어 서로 크기가 다른 정사각형 2개를 만들어 보세요. 단, 정사각형을 이루는 데 쓰이지 않는 성냥개비가 남아서도 안 돼요.

동물 달리기 대회

초원의 동물들이 달리기 대회를 열었어요.
원숭이, 기린, 하이에나, 자칼, 사자, 코뿔소, 하마 등
초원에 사는 여러 동물이 참가했지요.
각각 예선전을 거쳐 결승전에 올라온 동물은
톰슨가젤, 사자, 치타, 얼룩말, 타조까지 모두 5마리!
결승전은 마라톤 거리인 42.195킬로미터 달리기였어요.
멀리 있는 강가의 바오바브나무를 돌아와야 했지요.
선수들이 모두 출발선에 서자,
심판을 맡은 코끼리가 깃발로 출발을 알렸어요.

톰슨가젤은 6분에 8킬로미터의 속력으로 달렸어요.
사자는 10분에 12킬로미터의 속력으로 달렸고,
치타는 5분에 8킬로미터의 속력으로 달렸으며,

76

얼룩말은 20분에 22킬로미터의 속력으로,
타조는 15분에 19킬로미터의 속력으로 달렸지요.

동물들이 이와 같은 속력으로 끝까지 달려
모두 골인 지점을 통과했을 때,
과연 순위가 어땠는지 다음 물음에 답하세요.

1. 가장 늦게 들어온 동물은 무엇인가요?
2. 가장 빨리 들어온 동물은 무엇인가요?
3. 2등을 한 동물은 무엇인가요?

수학의 노벨상, 필즈상

스웨덴의 노벨이 제정한 노벨상에 수학 부문이 없다는 건 잘 알려진 사실이에요. 하지만 다행스럽게도 그 후 수학 부문의 노벨상이라 할 만한 상이 만들어졌답니다. 1924년에 캐나다 수학자 존 찰스 필즈의 유언에 따라 그의 유산을 기금으로 만든 '필즈상'이에요.

필즈상은 국제 수학 연맹(IMU)이 4년마다 개최하는 세계 수학자 대회(ICM)에서 40세 미만의 수학자에게 수여하는 상이에요. 2~4명에게 수여하며, 흔히 수학 부문에서 최고 권위가 있는 상이라 '수학의 노벨상'이라 불리지요. 1936년에 노르웨이 오슬로에서 핀란드의 알포르스와 미국의 제시 더글러스가 첫 수상자가 되어 상을 받았고, 제2차 세계 대전으로 중단했다가 1950년부터 다시 시상이 이어졌어요.

필즈상은 정말 받기 힘들다고 해요. 4년에 한 번씩만 주는 이 상을 받으려면 꼭 필요한 조건이 있어요. 상을 받는 수학자의 나이가 40세를 넘으면 안 된다는 거예요. 젊은 나이에 수학적으로 탁월한 업적을 남겨야

만 받을 수 있기 때문에 그만큼 어렵다는 것이지요. 필즈상을 받은 우리나라 사람은 아직 없답니다.

필즈는 이렇게 말했어요. "이미 이루어진 업적을 기리면서 동시에 향후 연구를 지속하도록 격려하고 다른 수학자들의 분발을 촉구하는 뜻에서 시상이 이루어져야 합니다."

2014년에는 우리나라 서울에서 국제 수학자 대회가 개최되어 아르투르 아빌라(브라질), 만줄 바르가바(캐나다, 미국), 마르틴 하이러(오스트리아), 마리암 미르자하니(이란)가 수상자로 선정되었어요. 특히 마리암 미르자하니는 최초의 여성 수상자였지요.

2022년에는 어떤 수학자가 필즈상의 영예를 안을 수 있을까요?

신기한 마방진 게임

세영이가 이모와 함께 게임을 하고 있어요.

"이모가 마방진 문제를 낼 테니 맞혀 볼래?"

"마방진? 정사각형 모양에 숫자를 써넣어 가로, 세로, 대각선의 합이 모두 똑같게 만드는 숫자 게임?"

"그래, 잘 아네. 정사각형에 숫자를 써넣되, 다만 숫자를 중복해서 쓰거나 빠뜨리면 안 되고, 가로, 세로, 대각선에 있는 수들의 합이 모두 같도록 만들면 돼."

"좋아요. 숫자 게임이라면 문제없어요."

세영이가 자신감을 보이자, 이모가 설명을 덧붙였어요.

"여기 보이는 칸에 1~16의 수를 써넣어 가로의 합, 세로의 합, 대각선의 합이 모두 34가 되도록 하면 돼. 힌트를 더 주면, 모서리 숫자 4개의 합, 가운데 숫자 4개의 합도 34가 된다는 거야."

"복잡해 보이는데, 어쨌든 가로, 세로, 대각선, 모서리 4개의 숫자의 합이 34가 되면 되는 거죠?"

"물론이야! 자, 시작해 볼까?"

4			13
	15		
			8
7	1		

32 과일 가게를 찾은 손님

동네 과일 가게 아저씨가 하루 장사를 마쳤어요.
아저씨 가게에는 사과, 포도, 망고, 세 가지 과일이 있었어요.
"어느덧 문 닫을 시간이 됐구먼.
오늘은 얼마나 많은 사람에게 과일을 팔았을까?"
아저씨는 오늘 가게를 찾아와 과일을 사 간 사람을
아래와 같이 정리했어요.

▶ 사과만 사 간 사람은 포도를 사 간 사람보다 3명이 더 많다.

▶ 포도만 사 간 사람은 망고만 사 간 사람의 2배이다.

▶ 망고만 사 간 사람은 사과와 포도를 사 간 사람보다 1명이 더 많다.

▶ 사과와 망고를 함께 사 간 사람은 망고만 사 간 사람보다 1명이 적다.

▶ 사과와 포도를 함께 사 간 사람은 5명이다.

▶ 포도와 망고를 함께 사 간 사람은 없다.

▶ 세 가지 과일을 함께 사 간 사람도 없다.

아저씨가 정리한 내용을 잘 보고 다음 질문에 답하세요.

1. 사과만 사 간 사람은 몇 명인가요?
2. 사과와 망고를 함께 사 간 사람은 몇 명인가요?
3. 오늘 아저씨 가게에 와서 과일을 사 간 사람은 모두 몇 명인가요?

33 퍼즐 규칙 찾기

진이와 찬희가 퍼즐 게임을 하고 있어요.
찬희가 아래와 같은 표를 만들었어요.
"용진아, 이 표에는 어떤 규칙이 있어.
그 규칙이 무엇인지 알아내서 A, B에 들어갈 숫자를 맞혀 봐."

8					
2	6				
9	3	8			
5	5	9	6		
3	9	A	9	8	
6	8	6	8	B	9

용진이는 숫자를 살펴보고 살며시 웃었어요.
그리고 A, B에 각각 숫자를 써넣었어요.
과연 A, B에 들어갈 숫자는 무엇일까요?

34 스테이크 굽는 시간

아빠가 오랜만에 스테이크를 구우려 해요.
어제 재어 놓은 고기에 소금과 후추를 뿌린 다음
프라이팬 두 개를 가스레인지에 올리고
버터를 녹였어요.
그런데 고기는 세 덩이인데 프라이팬이 두 개뿐이었어요.
아빠가 종규에게 물었어요.
"보다시피 프라이팬은 두 개이고, 고기가 세 덩이야.
프라이팬 하나에 고기를 한 덩이만 올린다고 하고,
고기 한쪽 면을 익히는 데 5분이 걸린다면
고기 세 덩이를 구우려면 모두 몇 분이 걸릴까?"

종규는 잠깐 생각하다가 대답했어요.
"프라이팬 두 개에 고기를 넣어 한쪽을 굽고,
다시 뒤집어 뒷면을 구우면 10분이 걸리죠.
그리고 나머지 고기 한 덩이를 굽는 데도
그만큼 시간이 드니까, 모두 20분이 걸리겠네요."
그러자 아빠가 그럴 줄 알았다는 듯 말했어요.
"땡! 그렇게 오래 걸리지 않아도 돼."
과연 얼마나 걸릴지
여러분이 한번 계산해 보세요.

35 초콜릿 나누기

"음냐 음냐, 맛있다!"

세영이가 자기 방에서 초콜릿을 먹고 있어요.

그때 갑자기 문이 벌컥 열리더니 동생 주영이가 들어왔어요.

세영이는 초콜릿을 얼른 뒤로 감추며 화를 냈어요.

"너, 내 방에 들어올 때는 노크를 하라고 했잖아!"

주영이는 언니가 화를 내든지 말든지 상관도 않고

등 뒤를 손가락으로 가리키며 물었어요.

"뒤로 감춘 게 뭐야? 뭐 먹고 있었어?"

세영이는 어쩔 수 없이 초콜릿을 보여 주었어요.

"나도 줘. 나도 초콜릿 좋아한다고!"

초콜릿을 나눠 주기가 싫었던 세영이는 이렇게 제안했어요.

"이 초콜릿을 잘 봐. 내가 한쪽을 떼어 먹고 남은 거야.
내가 문제를 내서 맞히면 나눠 주고,
못 맞히면 내가 다 먹는 거다. 알았지?"

"좋아. 무슨 문제야?"

"이 초콜릿을 똑같은 모양으로 넷으로 나누려면
어떻게 잘라야 하는지 말해 봐."

다각형 모양의 초콜릿을 똑같은 모양으로
4등분하려면 어떻게 나눠야 할까요?

36 알쏭달쏭 분식집 메뉴

재성이가 세주와 미호랑 간식을 사먹으러 분식집에 갔어요.
학교 앞에 새로 생긴 분식집이었지요.
자리를 잡고 앉아 메뉴를 훑어보는데,
메뉴판이 다른 분식집과 달랐어요.
음식 종류를 한글 초성만으로 써 놓은 거예요.

우리 집 메뉴
1. ㄱㅂ
2. ㄹㅁ
3. ㄸㅂㅇ
4. ㅅㄷ
5. ㄱㅁㅇ
6. ㅇㅁㅌ
7. ㅈㅊㄱㅅ

메뉴판을 보고 나서 재성이가 제안했어요.

"우리 순서대로 저 메뉴가 뭔지 돌아가며 맞혀 볼까?"

그러자 세주가 잽싸게 끼어들었어요.

"1번에서 5번까지는 안 봐도 알겠네.

1번은 김밥, 2번은 라면, 3번은 떡볶이, 4번은 순대! 5번은……?"

세주가 우물쭈물하자 미호가 말했어요.

"크크, 내가 좋아하는 김말이잖아.

그런데 6번과 7번은 뭐지?"

재성이도 고개를 갸웃거렸어요.

과연 6번과 7번은 무엇일까요?

어릿광대의 저글링

여러분은 혹시 이런 생각을 해 본 적이 있나요?

무게가 같은 개구리 두 마리가 뱀에게 쫓겨 나무다리를 건너게 되었어요. 개구리 한 마리의 무게는 550그램인데, 나무다리가 낡아서 1킬로그램 이상 나가는 무게가 실리면 무너지게 되어 있었어요. 당연히 두 마리가 다리에 올라가면 다리가 무너지겠지요. 그런데 개구리 두 마리가 서로 팔딱팔딱 뛰어 한 마리는 다리를 밟고 한 마리는 공중에 머물러 있을 수도 있지 않을까요? 그러면 개구리가 무사히 뱀의 추격을 따돌리고 도망갈 수 있지 않을까요?

이와 같은 종류의 또 다른 문제가 있어요.

70킬로그램까지는 통과하지만, 그 이상 나가는 무게가 실리면 무너지는 다리가 앞에 놓여 있어요. 그런데 몸무게 58킬로그램인 어릿광대가 하나에 무게 5킬로그램인 고리 3개를 가지고 무사히 그 다리를 건널 수 있을까요?

어릿광대의 조련사는 3개의 고리로 저글링을 하면서 다리를 건너면 된다고 조언했어요. 저글링은 두 개 이상의 물체를 번갈아 공중으로 던졌다가 받는 묘기예요. 말하자면 고리 3개 중 1개는 공중에 떠 있을 테니 총 무게가 70킬로그램을 넘지 않는다는 것이지요. 조련사의 말대로 따르면 어릿광대가 과연 다리를 건널 수 있을까요?

아쉽지만 어릿광대는 다리를 건널 수 없답니다! 어릿광대가 고리를 공중으로 던지려면 몸에 힘을 주어야 하는데, 이때의 힘은 고리의 무게보다 커요. 따라서 이 힘과 광대의 무게 58킬로그램, 또 다른 두 고리의 무게 10킬로그램을 모두 합하면 70킬로그램이 훌쩍 넘기 때문에 다리가 무게를 지탱하지 못하죠.

아, 그리고 개구리는 다리가 무너져도 상관없어요. 개구리가 물에 빠진다고 죽지는 않잖아요?

37 나쁜 마녀의 수수께끼

도로시가 '오즈의 마법사'를 만나러 길을 떠났어요.
가는 길에 허수아비와 양철 나무꾼,
겁 많은 사자를 만나 친구가 되었어요.
도로시와 친구들은 부지런히 걸음을 옮겼어요.
그때 나쁜 마녀가 부하들과 함께 나타나 길을 막았어요.
"히히히, 오래도록 너를 기다리고 있었다.
내가 내는 수수께끼를 맞히면 고이 보내 주겠지만,
못 맞히면 너와 네 친구들은 영원히 나의 종이 돼야 해!"
도로시는 겁도 없이 씩씩하게 말했어요.
"좋아요. 수수께끼가 뭐예요?"
나쁜 마녀는 키득키득 웃으며 문제를 냈어요.
"이곳에는 도시는 있는데 사람도 건물도 없고,
도로는 있는데 자동차가 없으며, 강과 바다는 있는데 물이 없다.

이곳에 있는 도시와 도로, 강과 바다는
모두 지구상에 실제로 존재한다.
이곳은 어디일까?"
문제를 듣고 난 도로시는 머리가 하얘졌어요.
도무지 답이 떠오르지 않았지요.
여러분이 도로시에게 정답을 알려 줄래요?

38. 흰토끼, 재토끼, 검은토끼

용궁의 용왕이 큰 병이 들었어요.
흰토끼의 간을 먹어야 낫는 병이었지요.
용왕의 명을 받아 자라가 흰토끼의 간을 구하러
드디어 육지에 올라와 흰토끼를 만났어요.
그런데 흰토끼만이 아니라 재토끼, 검은토끼도 함께 있었어요.
자라는 토끼들에게 속지 않으려고 다음과 같이 물었어요.
"흰토끼는 거짓말을 안 하지?"
그러자 토끼들이 이렇게 대답했어요.

흰토끼 – 나는 항상 정직해.

재토끼 – 흰토끼는 자기가 항상 정직하다고 말하지.

검은토끼 – 흰토끼는 정직하지 않아. 거짓말쟁이야!

자라는 머리가 혼란스러웠어요.
'누가 진실을 말하고, 누가 거짓을 말하는 거야?'
하지만 어떻게든 흰토끼를 꾀어 용궁으로 데려가야 하는
자라는 정신을 차리고 다시 생각해 보았어요.
'셋 중 진실을 말한 토끼는 몇 마리이고,
거짓을 말한 토끼는 몇 마리일까?'

39 구인 광고

민수네 삼촌 성주 씨는 취업 준비생이에요.
입사 시험을 여러 차례 보았지만 그때마다 낙방하고 말았지요.
하루는 인터넷을 이리저리 둘러보다가
두 회사의 구인 광고를 보게 되었어요.
하는 일은 물론 근무 조건과 사원 복지, 회사 규모는
모두 비슷한데 연봉만 차이가 있었어요.

A사 연봉 2,400만 원 / 이후 1년마다 200만 원 인상

B사 반년 1,200만 원 / 이후 6개월마다 50만 원 인상

성주 씨는 잠시 머리가 헷갈렸어요.
"두 회사 중 어느 회사 연봉이 높은 거야?"
성주 씨는 이리저리 계산해 보고 나서
연봉이 높은 쪽으로 지원하기로 결정을 했어요.
어느 회사였을까요?

40 계단 오르기

미주가 엄마와 함께 아빠 회사를 찾아왔어요.

"이렇게 중요한 서류를 빼놓고 출근하다니, 네 아빠도 참."

엄마가 건물로 들어서면서 말했어요.

"오늘 아침에 좀 서두르시더니……."

미주도 머리를 가로저었지요.

아빠의 회사는 건물 8층에 있었어요.

그런데 그날따라 공사를 하느라 엘리베이터가 작동하지 않았어요.

공사가 마무리되려면 3시간을 기다려야 했지요.

"아휴, 8층까지 계단으로 올라가야 하는 거야?"

미주가 얼굴을 찌푸리며 투정을 했어요.

하지만 엄마는 1층에서 위층으로 가는 계단을 오르며

스마트폰 타이머를 눌렀어요.

"얼마나 걸리는지 시간을 재 보자꾸나."

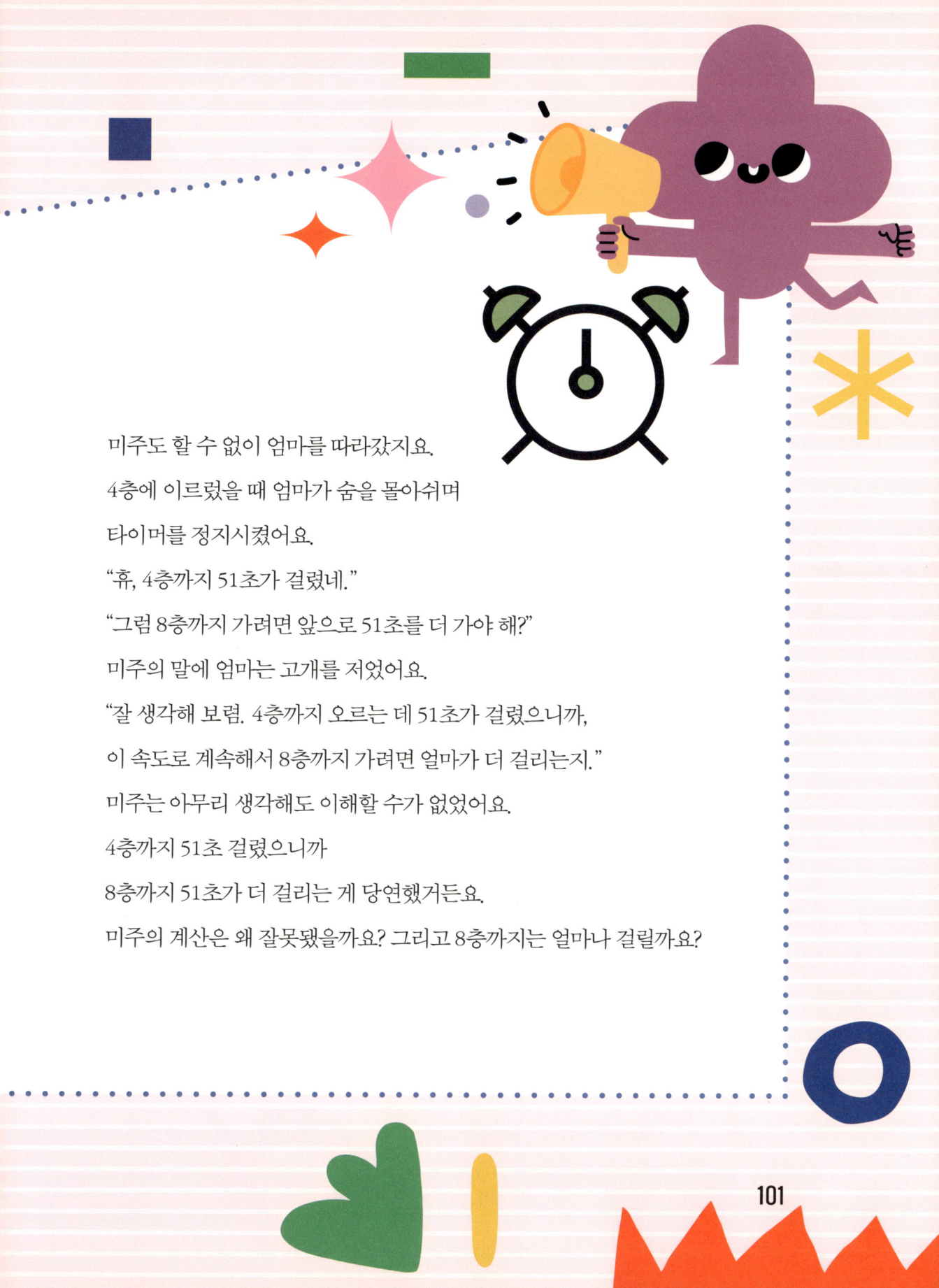

미주도 할 수 없이 엄마를 따라갔지요.

4층에 이르렀을 때 엄마가 숨을 몰아쉬며

타이머를 정지시켰어요.

"휴, 4층까지 51초가 걸렸네."

"그럼 8층까지 가려면 앞으로 51초를 더 가야 해?"

미주의 말에 엄마는 고개를 저었어요.

"잘 생각해 보렴. 4층까지 오르는 데 51초가 걸렸으니까,

이 속도로 계속해서 8층까지 가려면 얼마가 더 걸리는지."

미주는 아무리 생각해도 이해할 수가 없었어요.

4층까지 51초 걸렸으니까

8층까지 51초가 더 걸리는 게 당연했거든요.

미주의 계산은 왜 잘못됐을까요? 그리고 8층까지는 얼마나 걸릴까요?

신기한 바둑알

동주와 성호는 자주 알까기 게임을 해요.

바둑알을 판 위에 열 개씩 놓고 손가락으로 튕겨

상대 바둑알을 판 밖으로 쳐 내는 게임이지요.

하지만 게임을 할 때마다 번번이 동주가 이겼어요.

"와, 이번에도 이겼다!"

화가 난 성호는 삼촌에게 비법을 배웠어요.

바둑알로 동주의 콧대를 꺾어 놓으려고요.

"동주야, 바둑알을 네 개씩 여섯 줄을 늘어놓아 봐."

"그걸 누가 못 해?"

동주는 바둑알을 그림처럼 늘어놓았어요.

"오! 잘했어. 그런데 여기서 바둑알 여섯 개가 없어졌어.
나머지로 네 개씩 여섯 줄을 만들 수 있어?"

"뭐? 네 개씩 여섯 줄을 만들었는데,
어떻게 여섯 개를 빼고 똑같이 만드냐? 6×4=24인데."

"히히, 나는 만들 수 있지롱~."

성호는 바둑알 18개를 늘어놓기 시작했어요.

과연 18개로 네 개씩 여섯 줄을 어떻게 만들까요?

42 학교 정원 늘리기

선우는 신도시에 사는 초등학생이에요.
선우가 다니는 초등학교는 학생 수가 많아
한 학년에 100명씩 전체 학생이 600명이지요.
그런데 주변에 아파트 단지가 들어서는 바람에
학생 수를 늘리지 않으면 안 되었어요.
교장 선생님을 비롯한 학교 관계자들은 회의를 열어
내년부터 해마다 1학년 정원을 50명씩 늘려
전체 학생 수를 현재 정원의 배 이상으로 늘리기로 했어요.
현재 600명이니까 모두 1,200명이 넘을 때까지
해마다 50명씩 더 늘리기로 한 거예요.
그렇게 되면 교실도 더 지어야 하고,
선생님도 더 많아지겠지요.

그렇다면 몇 년 뒤에 총 학생 수가 지금의 배 이상이 될까요? 물론 입학한 학생 모두가 한 명도 빠지지 않고 모두 졸업한다고 가정하고 말이에요.

수학적 사고에 밝았던 에디슨

욕조에 들어갔다가 물이 넘치는 것을 보고 "유레카!(알았다!)"를 외친 고대 수학자 아르키메데스에 대해 들어 본 적이 있을 거예요. 아르키메데스는 자신의 무게만큼 욕조의 물이 넘쳐흐르는 것을 보고 부력(기체나 액체 속에 있는 물체가 압력을 받아 위로 떠오르려 하는 힘)의 원리를 깨달았어요. 배가 바다에 뜨는 원리도 부력을 받기 때문이지요.

아르키메데스처럼 생활 속에서 수학적으로 생각하는 사람은 작은 발견으로도 위대한 진리를 만들어 낸답니다.

발명왕 에디슨도 수학적 사고에 밝은 사람이었어요.

하루는 자기가 발명한 백열전구의 부피를 알고 싶었어요. 부피란 어떤 입체가 공간에서 얼마만한 크기를 차지하고 있는지를 나타내는 거예요. 그런데 전구는 조롱박 모양이어서 도대체 어떻게 부피를 구해야 할지 알 수 없었어요.

에디슨은 계산 전문가에게 부탁했어요.

"전구의 부피를 구해 주시오."

직육면체와 달리 모양이 둥근 전구의 부피를 계산하려면 수학에서도 어려운 분야인 미적분을 이용해야 해요. 에디슨의 부탁을 받은 계산 전문가는 이 방법으로 부피를 계산하기 시작했어요. 하지만 며칠이 지나도 계산을 끝내지 못했지요.

곰곰이 생각하던 에디슨은 계산 전문가에게 말했어요.

"전구에 물을 부어 계산하면 되잖아요. 전구 속에 물을 가득 부은 후 그 물을 메스실린더에 부으면 몇 밀리리터인지 알 수 있잖아요."

계산 전문가는 부피라는 말을 듣고 계산만 하려고 했지만 에디슨은 부피의 본질을 이해하고 가장 간단하게 문제를 해결할 수 있는 방법을 찾아낸 거예요. 이것이 바로 진정한 수학적 사고라고 할 수 있겠지요.

43 재미있는 도형 문제

현수가 열심히 게임을 하고 있어요.
기적의 검을 찾아가는 중인데, 중간에 속임수에 빠지고 말았어요.
직접 해결할 수 없게 되어 도움을 구하자,
도형에 관한 두 가지 문제가 나왔지요.
이 문제를 맞혀야 탈출할 수 있어요.

1. 다음 그림에서 삼각형이 모두 몇 개인지 세어 보세요.

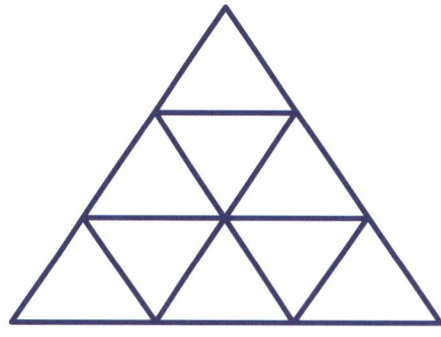

2. 아래와 같이 사각형에 직선을 그으면 삼각형 2개로 나뉘어요.
이처럼 직선 1개를 그어 삼각형 3개로 나뉘는 사각형을 그려 보세요.

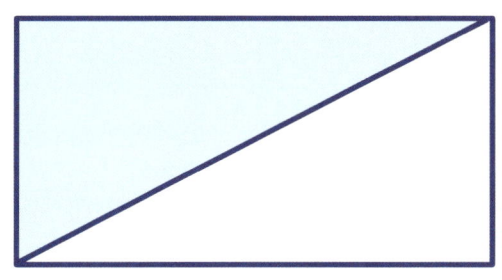

현수는 눈앞이 캄캄했어요.
도형 문제는 영 자신이 없었거든요.
곰곰이 생각해 보고 여러분이 답을 알려 주세요.

44 가짜 금화를 찾아라

범죄 조직이 금화를 외국으로 빼돌리려 한다는 정보를 듣고
경찰이 범죄 조직의 본거지를 습격했어요.
"꼼짝 마라! 너희는 포위됐다!"
한바탕 격투가 벌어지고, 마침내 경찰이 범죄 조직을 소탕했어요.
외국으로 빼내려던 금화 자루 10개도 압수했지요.
금화 자루에는 모두 10그램짜리 금화가 가득 들어 있었지만,
그중 한 자루에는 9그램짜리 가짜 금화가 들어 있었어요.
경찰이 투덜거렸어요.
"아, 이걸 하나씩 다 저울에 재야하나?"
그러자 옆에 있던 경찰이 별일 아니라는 듯 말했어요.
"저울에 한 번만 재봐도 알 수 있어요."
"뭐? 한 번으로 가짜 금화가 든 자루를 찾아낼 수 있다고?"

"물론이죠! 제가 해 볼 테니 구경이나 하세요."
그 경찰은 말한 대로 한 번만 재고도
어느 자루에 가짜 금화가 담겼는지 알아냈어요.
어떤 방법을 쓴 걸까요?

45 스도쿠 게임

이번에는 스도쿠 게임이에요.

스도쿠 게임은 가로, 세로 9칸씩 총 81칸으로 이루어진

정사각형의 가로, 세로줄에 1~9의 숫자를

겹치지 않게 적어 넣는 퍼즐 방식이지요.

다만 가로×세로 3줄로 이뤄진 작은 사각형 안에서도

1~9가 겹치지 않게 들어가야 해요.

차분히 생각하면 누구나 풀 수 있으니,

포기하지 말고 풀어 보세요.

자, 시작!

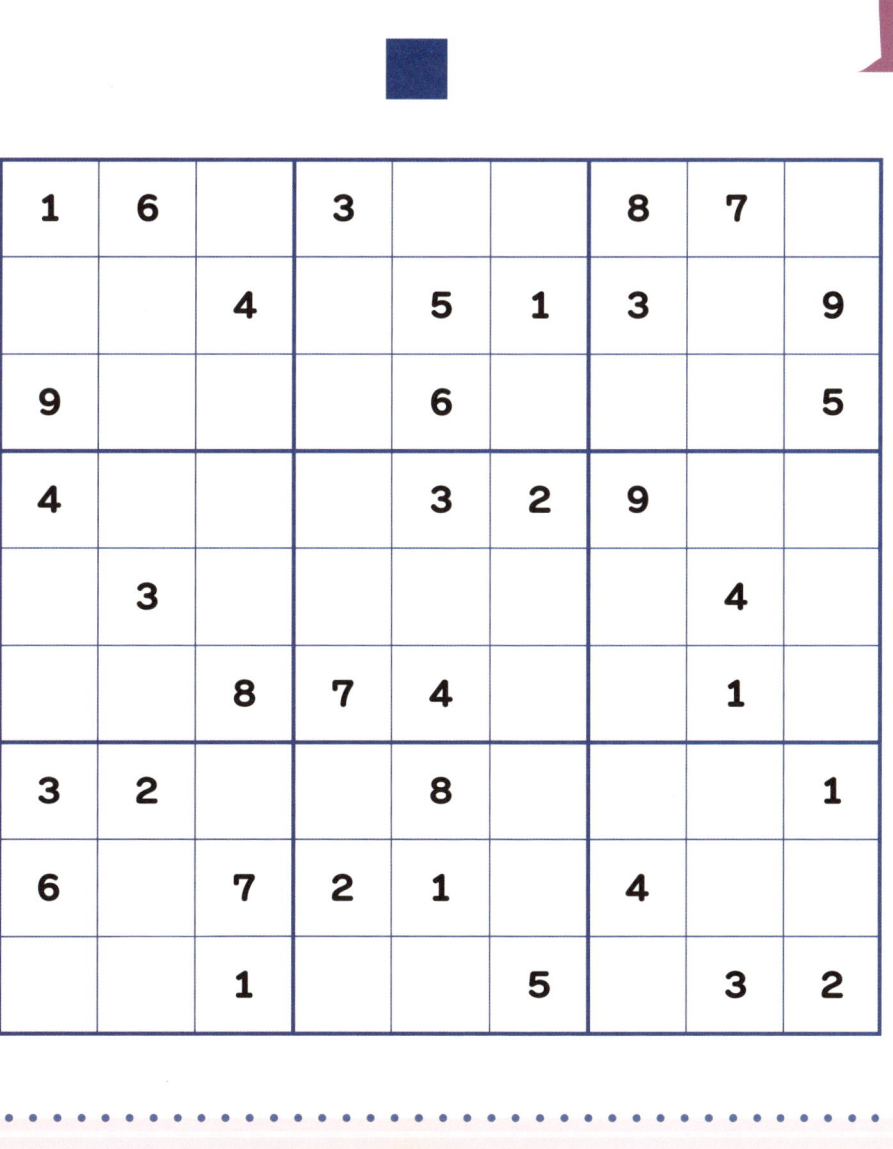

1	6			3			8	7
		4		5	1	3		9
9				6				5
4				3	2	9		
	3						4	
		8	7	4			1	
3	2			8				1
6		7	2	1		4		
		1			5		3	2

46 맨홀 뚜껑이 둥근 까닭

소미가 아빠와 함께 차를 타고 가는 길이었어요.

갑자기 차가 덜컹 소리를 내며 흔들렸어요.

소미가 살짝 놀라 물었어요.

"아빠, 도로에서 차가 왜 덜컹거린 거예요?"

"아, 맨홀 뚜껑이 딱 맞지 않아서 그런 거야.

수도관, 하수관 등이 묻힌 지하로 통하는 구멍을 덮는 덮개 말이야.

그런데 너 맨홀 뚜껑이 어떤 모양인지 아니?"

"그야 둥근 모양이죠."

"그렇지. 그런데 왜 둥근 모양일까?"

"그건…… 생각해 본 적이 없는걸요."

"맨홀 뚜껑은 아주 무거운데, 둥근 뚜껑은 굴려서 쉽게

옮길 수 있는 반면에 다른 모양은 그렇지가 않아.

그리고 둥근 뚜껑은 방향이 없어서 쉽게 제자리에 맞출 수 있지만,

다른 모양은 모서리와 꼭짓점을 정확히 맞추어야 하지."

"아하, 그렇게 깊은 뜻이 있었구나!"

"그리고 무엇보다 맨홀 뚜껑이 둥근 것에는

가장 중요한 이유가 있어. 그게 뭘까?"

소미는 곰곰 생각했어요.

맨홀 뚜껑이 둥근 가장 중요한 이유는 뭘까요?

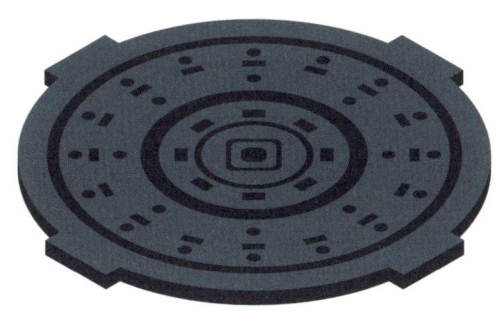

두뇌 수학 퍼즐

두뇌 수학 퍼즐

정답과 해설

정답과 해설

01

02 "토끼님이 나무를 심은 그 산을 내가 만든 거라오."

설명 : 여러 가지 다른 답도 가능하다. 예를 들면, '그 산을 내 아들이 쌓은 거랍니다.' 또는 '그 나무를 내가 처음 만들어 냈소이다.' 등.

03 볼링

04 1. 18

설명 : 앞 칸의 두 자릿수의 두 수를 곱한 값이 다음 칸의 수가 되는 규칙이다.

2. 16

설명 : 아래 두 칸에 있는 두 자릿수의 각각의 수의 합이 위 칸의 수가 되는 규칙이다. 1+5+2+3=11, 2+3+1+8=14…….

05 오늘 아침 바지를 갈아입고 나왔다.

설명 : 우연히 그 바지에 동전 300원이 있었을 뿐이다.

06 파키케팔로사우루스

설명 : 파키케팔로사우루스 한 마리와 싸워 이길 확률이 1/2이므로 세 마리를 이기려면 1/2 × 1/2 × 1/2 = 1/8이 된다. 따라서 티라노사우루스를 이길 확률보다 높다.

07 동우네 학교가 가파른 언덕길에 위치해 있었기 때문이다.

설명 : 학교 건물 100미터 전에 내려 언덕을 걸어 올라가는 것보다 학교 건물을 지나 200미터 지점에서 걸어 내려오는 것이 편하기 때문이다.

08 사공이 많으면 배가 산으로 간다.

09 18일

설명 : 하루에 1미터를 올라가는 꼴이므로, 17일이면 17미터를 오르고, 18일째 3미터를 올라 20미터에 다다른다.

10 독극물이 얼음에 들어 있었기 때문이다. 살아 나간 사람은 얼음이

녹기 전에 술을 마셨다.

11 준호 - 10살 - 농구 / 선우 - 9살 - 배드민턴 / 수영 - 8살 - 축구

12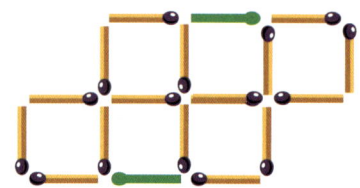

13 2자루

설명 : 9자루 중에서 2자루는 불이 꺼져 초가 남아 있었지만, 나머지 7자루는 촛불이 타서 모두 없어졌다.

14 1. 도원결의 2. 삼고초려

15 3번

설명 : ABC, ABD, ABE 다른 방법도 여러 가지가 있다. 이를테면 ABC, BCD, BCE도 가능하다.

16 사건이 일어난 상점이 맛나 빵집이라고 알려 주지 않았는데, C씨가 도난당한 가게의 이름을 알고 있었기 때문이다.

17 A 세호 - 피자, B 선우 - 떡볶이, C 유미 - 돈가스, D 한솔 - 치킨

18 곰

  설명 : 시연이 쪽에서 보면 '곰'이 '문'이기 때문이다.

19 사탕

20 킥보드를 서로 바꿔 타고 경주를 했다.

21 길고 짧은 것은 재어(대어) 보아야 안다.

22

| 6 | < | 7 | | 8 | | 9 | > | 5 |

8	>	5	<	9	>	7		6
		∧						
15		8		7		6	<	9
∧				∨		∧		
9	>	6		5		8		7
		∧				∧		
7		9	>	6		5	<	8

23 1. 아주머니는 1,000원짜리 5장을 들고 시장에 갔다. 3,500원짜리 물건을 사고 4,000원을 냈으니 당연히 거스름돈이 500원이다.

   2. 운전기사 아저씨는 버스에 손님으로 타고 있다가 노인에게 자리

정답과 해설

를 양보했다.

3. 운이 나쁘게도 이들이 은행을 털러 가기 전에 다른 은행 강도들이 이미 은행을 털고 갔다. 그래서 곧 경찰이 들이닥쳐 잡히고 만 것이다.

4. 일꾼은 1층에서 작업 중이었다.

24 시소는 평형을 이룬다.

　설명 : 얼음이 조금씩 녹으면 수박 쪽으로 기울어 수박이 굴러 떨어지고, 한참 시간이 지나면 얼음이 다 녹아 결국 시소는 다시 평형을 이룬다.

25 총 7번

　설명 : 원판을 옮겨 (A / B / C) 순으로 엮어 보면(기둥에 원판이 없으면 0으로 표시), 먼저 ①(1, 2 / 3 / 0), ②(1 / 3 / 2), ③(1 / 0 / 2, 3), ④(0 / 1 / 2, 3), ⑤(3 / 1 / 2), ⑥(3 / 1, 2 / 0), ⑦(0 / 1, 2, 3 / 0), 이렇게 총 7회를 옮겨야 B 기둥으로 옮길 수 있다.

26 창문이 열려 겹쳐져 있었을 때, A씨가 창문을 닫으려고 다가온 순

간 총알이 날아왔고 A씨는 창문을 채 닫지 못하고 쓰러진 것이다.

27 5리터 통에 물을 담는다 → 5리터 통의 물을 3리터 통에 붓는다(5리터 통에 2리터 남음) → 3리터 통의 물을 비우고, 5리터 통에 남은 2리터를 3리터 통에 붓는다 → 다시 5리터 통에 물을 담는다 → 2리터 든 3리터 통에 5리터 통의 물 1리터만 부으면, 5리터 통에 4리터가 남게 된다

28 3번

설명 : 지불한 16,020원이 1만 원짜리와 5,000원짜리였다면 15,020원을 내면 되고, 1,000원짜리였다면 12,020원을 내면 됐을 텐데, 16,020원을 낸 것은 상식에 맞지 않는다.

29 1.　　　　　2.

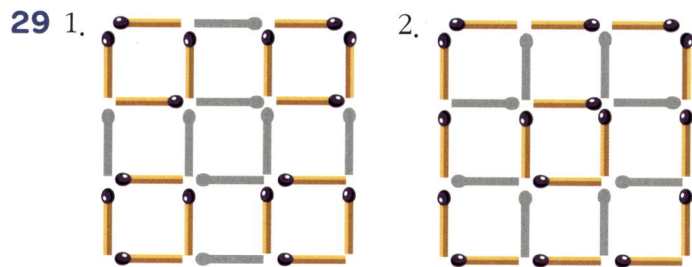

30 1. 얼룩말 2. 치타 3. 톰슨가젤

31

4	6	11	13
14	15	2	3
9	12	5	8
7	1	16	10

32 1. 15명 2. 5명 3. 43명

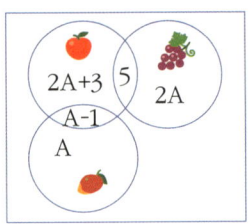

33 A - 5, B - 9

설명 : 이 표에는 맨 왼쪽 줄의 숫자를 다음 줄의 아래에서부터 위로 써넣되, 가장 작은 수를 뺀다는 규칙이 적용되고 있다.

34 15분

설명 : 프라이팬 2개를 각각 프라이팬 A, B라고 하고, 고기 세 덩이를 각각 a, b, c라고 하면, (A-a앞면, B-b앞면), (A-a뒷면, B-c앞면), (A-b뒷면, B-c뒷면)의 차례로 구워 15분 만에 마칠 수 있다.

35  그림과 같이 하얀 점선을 따라 나눈다.

36 6. 어묵탕 7. 잔치국수

37 지도

38 진실 2마리, 거짓 1마리

　설명: 흰토끼의 말이 진실인지 거짓인지 알 수 없지만, 재토끼의 말은 항상 진실이다. 그리고 검은토끼의 말이 진실인지 아닌지는 흰토끼의 말이 진실인지 아닌지에 달려 있다. 흰토끼의 말이 진실이면 검은토끼의 말은 거짓이고, 흰토끼의 말이 거짓이면 검은토끼의 말이 진실이다. 따라서 진실을 말한 토끼는 2마리, 거짓을 말한 토끼는 1마리가 된다.

39 B사

　설명: 1년차일 때 A사는 2,400만원, B사는 2,450만 원(1,200만 원

정답과 해설

+1,250만 원), 2년차일 때 A사는 2,600만원, B사는 2,650만 원(1,300만 원+1,350만 원), 3년차일 때 A사는 2,800만원, B사는 2,850만 원(1,400만 원+1,450만 원)으로 B사가 더 높다.

40 68초, 미주는 4개 층을 올랐다고 생각했지만, 사실 3개 층이다.

설명: 3개 층을 오르는 데 51초가 걸렸으니까 한 층당 17초가 걸린 셈이다. 그러니까 5층에서 8층까지 4개 층을 오르려면 17×4=68초가 더 걸린다.

41
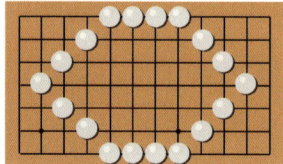

42 5년

설명: 학생이 늘어나는 수를 해마다 정리해 보자.

1년 후 : 1학년 150명, 2학년~6학년 각 100명

2년 후 : 1학년 200명, 2학년 150명, 3학년~6학년 각 100명

3년 후 : 1학년 250명, 2학년 200명, 3학년 150명, 4~6학년 각

　　　　　100명

　　4년 후 : 1학년 300명, 2학년 250명, 3학년 200명, 4학년 150
　　　　　명, 5~6학년 각 100명

　　5년 후 : 1학년 350명, 2학년 300명, 3학년 250명, 4학년 200
　　　　　명, 5학년 150명, 6학년 100명 총 1,350명

43 1. 13개　　　　　2.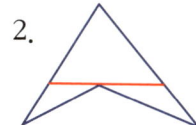

44 1번 자루에서 금화 1개, 2번 자루에서 2개, 3번 자루에서 3개……, 10번 자루에서 10개, 이렇게 총 55개의 금화를 꺼내 저울에 무게를 재면 어느 자루에 9그램짜리 가짜 금화가 담겼는지 알 수 있다. 예를 들어 549그램이면 1번 자루, 548그램이면 2번 자루, 547그램이면 3번 자루……. 이렇게 가짜 금화 자루를 찾을 수 있다.

45 　　　　**46** 둥근 뚜껑은 맨홀 안으로 빠지지 않지만, 정사각형이나 다른 다각형 도형은 빠질 수 있다.

두뇌 수학 퍼즐 2

초판 1쇄 발행 2022년 4월 15일

글쓴이 김현
펴낸이 황정임
펴낸곳 ㈜노란돼지(푸른등대)
마케팅 이주은, 이수빈, 고예찬 | **경영지원** 손향숙
등록번호 제 2021-000038호 | **등록일자** 2021년 3월 22일
주소 경기도 파주시 문발로 115(파주출판문화정보산업단지), 307 (우)10881
전화 031-942-5379 | **팩스** 031-942-5378

©주식회사 노란돼지

ISBN 979-11-92277-14-1 74710
       979-11-974410-1-1 (세트)

제조국 대한민국 | **사용연령** 8세 이상
주의사항 종이에 베이거나 긁히지 않도록 조심하세요.
        책 모서리가 날카로우니 던지거나 떨어뜨리지 마세요.

도서출판 노란돼지는 독자 여러분의 의견을 기다립니다. yellowpig.co.kr | 인스타그램 @bluelighthouse_pub

푸른등대는 널따란 바다에서 길을 찾게 도와 주는,
지식의 길잡이와 같은 책을 펴냅니다.